無法之法
聖嚴法師默照禪法旨要

聖嚴法師 著　單德興 譯

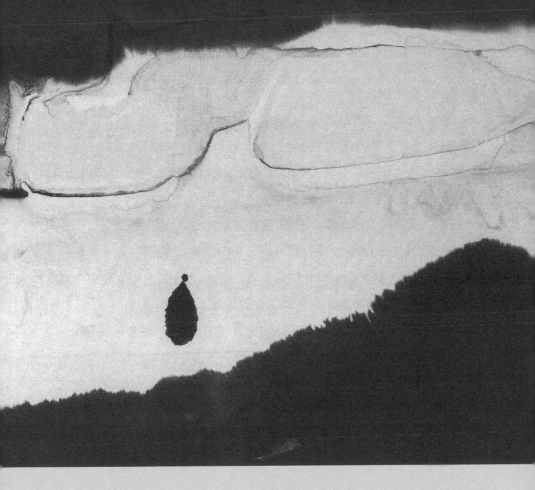

THE METHOD OF NO-METHOD
The Chan Practice of Silent Illumination

編者前言

　　本書中的開示來自聖嚴法師一九九八年十一月和一九九九年六月於紐約象岡法鼓禪修中心的兩次禪七。在這兩次禪七中，聖嚴法師仔細講授有關默照的修行與理論。聖嚴法師以中文開示，同時翻譯成英文，記錄、謄寫之後，編輯成此書。

　　什麼是禪七？根據禪的傳統，在「攝心」這個場合中，修行人長時間投入密集的打坐，以便「收攝心」──把心集中於一個焦點，擺脫妄念和執著。禪師的責任就是運用各種善巧方便來幫助修行者達到這個目標，開示則是其中之一。開示可能包括教導特定的方法，闡釋佛法和祖師的教誨，敦促學員認真修行。以下的篇章兼具這三方面。

　　在這些禪七中，聖嚴法師白天教導如何修習默照，晚上闡釋默照禪著名的創始者宏智正覺禪師（一○九一～一一五七）的法語摘要。若要區別白天和晚上的開示，我們可以說白天開示的是修行默照的方法和取向，晚上開示的則是應有的精神和態度。然而，這種區別過於簡化，因為在實際修行中，兩者交織得天衣無縫。若不清楚了解默照的原則，默照的技巧是無法引人開悟的；若只知道原則而沒有正確的修

行，也會徒勞無功，甚至誤入歧途。白天的修行指導和晚上的闡釋都是佛法，用來闡明佛教信仰和修行的意義之文字。因此，它們來自同樣的材料，以那種精神來看，修行與理論之間沒有分別。

然而，為了保持這兩類材料的連續性，我們把白天的開示和晚上的闡釋分為不同的單元。換句話說，我們並未像原先那樣把內容逐日呈現，而是把有關修行的題目與評論分開。此外，我們省略了第二次禪七中的白天開示，因為其中許多內容與第一次禪七中的指導重複。

因此，本書分為三部分：第一部分是一九九八年十一月的禪七中有關默照修行的白天開示；第二部分是一九九八年十一月禪七中正式的晚上開示；第三部分是一九九九年六月禪七中正式的晚上開示。這三部分共同仔細徹底探究這種殊勝的禪法，這種禪法與南傳佛教傳統中的止觀與曹洞禪的「只管打坐」有相應之處。

本書另一個同樣重要之處就是它是在實際禪七的情境中呈現的。換句話說，這些開示不只是理論的闡釋，而是來自禪七中活生生的教導與每日生活的情境。我們試著維持禪七的氣氛和風味，而未採用日記的方式，因此不免失去禪七中逐日、甚至逐時的戲劇性、集中與密度——不管是個人的，還是集體的。要體驗的唯一方式，就是實際去參加一次禪七。

致謝

導師：聖嚴法師

英譯：果谷（俞永峰）

主編：Ernest Heau

出版：王翠嬿

謄稿：常濟法師, Margaret Laffey, Bruce Rickenbacher

編輯協助：常濟法師, Steve Kanney, Margaret Laffey,
Harry Miller, Stacey Polacco

目錄

英譯者緒論

　　《無法之法》是聖嚴法師闡明默照的修行與證悟之作。默照經常被稱作「無法之法」，是禪宗史與大乘佛教史中發展出的最微妙深奧的修行之一，歷史悠久而複雜，可上溯到印度佛教中的止觀雙運，也與藏傳佛教中的大圓滿和大手印相應。在中國，這個修行方式似乎是透過禪宗的曹洞宗口傳下來，直到十二世紀由宏智正覺禪師以詩偈寫下，之後才廣為人知。然而，在宏智禪師之後，默照的修行法門再度湮沒。在本書中，聖嚴法師闡釋這種古老的修行，澄清相關的觀點、方法和實證狀態。因此，本書是聖嚴法師與宏智禪師「心心相印」。

　　聖嚴法師要我為本書撰寫這篇簡短的序論，提供宏智禪師的資料，並且顯示這位早期的禪師在他自己的教法中所扮演的重要角色，希望這個在中國失傳已久的傳統能受到重視，重新復興。聖嚴法師身兼曹洞宗與臨濟宗兩個傳承，也教導話頭或公案的方法，過去十七年來孜孜不倦地教導默照的方法。許多人使用這種方法而獲益，也有許多人因而證悟自己的心的本性。我希望這本書能幫助保存這個方法。底下

各節簡述宏智禪師的生平與教法，接著討論聖嚴法師對默照
修行演化的貢獻。

宏智正覺禪師及其教誨

　　宏智禪師出生於今天中國的山西省，自幼便有奇才，七
歲便能日誦數千言，精通五經，這種才華尤其顯現於他有
關默照的寫作上。十一歲時，他在父親的師父佛陀德遜禪
師（生卒年不詳）鼓勵下落髮出家。即使佛陀德遜禪師是黃
龍慧南禪師（一○○二～一○六九）臨濟宗傳承下的著名禪
師，但宏智禪師並沒有在他的座下成為和尚，其實大部分的
訓練都是在曹洞宗的禪師底下完成。比方說，他是在曹洞宗
枯木法成禪師（一○七一～一一二八）的教導下初悟的，在
曹洞宗丹霞子淳禪師（一○六四～一一一七）的教導下於二
十三歲時徹悟。

　　宏智禪師三十六歲時首先擔任太平興國寺的住持，後來
也在其他三座寺院擔任住持。但三年後，也就是一一二八
年，宏智禪師辭掉所有職務，前往雲居山在著名的臨濟宗圜
悟克勤禪師（一○六三～一一三五）座下學習。圜悟禪師也
是以提倡話頭禪聞名的大慧宗杲禪師（一○八九～一一六
三）的師父。一年後，宏智禪師成為天童山景德寺的住持，
在那裡度過一生的最後三十年。

　　我們不確定大慧禪師和宏智禪師在雲居山隨圜悟禪師學

習時有沒有見過面，但可以確定的是，他們在生命晚期結
爲好友。大慧禪師以嚴厲批評沉寂的靜坐聞名，他甚至把那
種打坐斥爲「默照邪禪」。因此，今天的學者通常把這個批
評當成是對宏智禪師教法的回應。然而，深入檢視就會發現
當時有很多自稱禪師的人教導沉寂的邪禪，而宏智和大慧兩
位禪師的友誼是無容置疑的。他們彼此邀請對方到自己的寺
院向大眾開示，宏智禪師圓寂前，致書大慧禪師，囑其照顧
他的徒眾，主持他的荼毗大禮。在大慧禪師自己的語錄裡，
我們在他爲親近法侶宏智禪師的頌詞中可以看出惺惺相惜之
意：大慧禪師說，如今宏智禪師圓寂，還有何人可以成爲我
的知己？

　　晚近，學者們也開始承認宏智禪師對公案的興趣，也就
是古代祖師開悟經驗的記錄。當代禪修者也許會覺得好奇，
因爲他們通常把公案和臨濟宗的修行方法聯想在一塊。宋朝
時並沒有這種涉及宗派的聯想，大部分著名的禪師都評論公
案，而且熟練於這種教學工具，宏智禪師也不例外。事實
上，他有關公案的簡要評論保存於萬松行秀禪師（一一六
六～一二四六）的《從容錄》。

　　這種不分宗派的教學風格對我們現在有關禪修的偏見有
許多啓示。一般人常把「只管打坐」聯想到曹洞宗，把公案
修行聯想到臨濟宗，這是後來日本的宗派之見對早期中國禪
宗的投射。這種看法後來被引進西方。但把「默照」視爲曹

洞宗修行者「唯一的」修行方法，其實與中國歷史上的情況不符。實際的情況是，宋朝時曹洞宗的修行者既參公案，也從事傳統的打坐方式和儀軌修行。如果我們檢視宏智禪師的作品集，就可看到他同樣重視參公案和長期深入的打坐。至於他的禪眾是否在打坐修行中參不同的公案，我們不得而知。他們在打坐修行時真正做些什麼，相關的描述也付諸闕如。而宏智禪師有關默照的詩偈，與其說是像打坐修行的實際指導，不如說更像是無我智慧的證悟。

聖嚴法師的教誨

聖嚴法師一身兼繫臨濟宗與曹洞宗的法脈。他在中國佛教史上也有著獨特的地位。他以身為提倡和復興中國佛教的重要角色而聞名，也是近代第一位獲得佛教文學博士學位的佛教僧侶，並在台灣建立了一個官方政府承認的佛教研究學院。他之所以攻讀現代學位，是因為他發願要提昇中國佛教僧侶的教育程度，並改變他們低劣的形象。他也對提倡與維持世界和平深感興趣。然而，在他的這些努力中卻從未忘本，也就是自己身為禪宗的僧侶。因此，他的禪法有系統、具實用，極為清楚，對當代修行人來說尤其如此。

由於聖嚴法師的教導兼具臨濟和曹洞的修行方式，他的風格比較像是古代中國禪師，而不像當代禪師。多年來，他教導西方弟子比較猛烈的參話頭的方法，做為禪修的探索對

象（話頭禪的修行方法類似日本的公案修行方法）。但這些年來他發現，要是沒有穩定的心和對自己的平和看法，參話頭會對許多現代人產生副作用。因此，自從一九九〇年代初期以來，他開始把宏智禪師的一些教法加以系統化，讓禪修者容易接納。這些教法主要來自宏智禪師有關默照證悟的詩偈。

然而，這些作品美則美矣，也饒富詩意，但描寫的並不是默照的真正修行，而是內在的無我智慧的本質，超脫了有意的努力和特定的意圖。用宏智禪師自己的話來說，「渠非修證，本來具足，他不汙染，徹底乾淨……本智應緣，雖寂而耀。……元不借他一毫外法，的的是自家屋裡事」（它既不能修練，也不能實證，因為它本自圓滿充足。沒有任何東西可以玷污它，而是徹底乾淨……以本有的智慧回應外在條件，雖然寂默，卻光耀燦爛。……原本就不需假借一絲一毫的外物，的的確確是在自己家裡就能找到的東西）。

這裡幾乎找不到什麼具體的教導。然而，在宏智禪師卷帙浩瀚的著作中，有些其他段落能讓我們約略知道打坐時該做些什麼。比方說，宏智禪師說：「真實做處，唯靜坐默究，深有所諳，外不被因緣流轉，其心虛則容，其照妙則準。內無攀緣之思，廓然獨存而不昏，靈然絕待而自得。」（正確的修行方式就只是靜坐默究，到達深處時，外在不受因緣的流轉，其心因為放空而能容納，其光照因為微

妙而準確，不偏不倚。內在沒有攀緣的念頭，廣闊獨立，如實存在，擺脫任何混亂，靈活生動，沒有任何對立，自足完滿。）

表面上看來，宏智禪師似乎在推薦「靜坐」，但他推薦「默究」的確實意思卻從未說明。真正的修行方法如何？修行者應該把注意力放在哪裡？

類似這樣的段落所暗示的只是一般的無執與光明，難怪宏智禪師圓寂後，這種難以捉摸的教法會湮沒無聞。因此，聖嚴法師回應弟子的修行，把修習默照的經驗分為幾個階段，賦予結構。

在一九八〇年代，聖嚴法師其實嘗試教導的是一種更「沒有形式」的默照方法，心不專注於任何東西，只是維持著完全的清楚澄明，也不分階段。他只是教我們打坐，放下一切，不讓心「住」於任何地方，不管是色、聲、香、味、觸、法，完全不住。他教我們一旦發現心被什麼事盤據了，就要放下，回到自然澄明的覺知本身。這種方法來自他六年的閉關以及他首次遭遇宏智禪師的教法。聖嚴法師告訴我，他在閉關中，有一次就只是「自然澄明地坐在那裡，完全沒有感受到自我或時間」。對他來說，那是最自然的「修行」，相應於他所領會的心的本質，以及《六祖壇經》所教導的「無住」、「無相」。在他閉關的後期，讀到宏智禪師的教法，對默照感覺自然的深深相應。他有一次告訴我：「這

個教法眞的太奇妙了，應該讓更多人知道。」後來他赴日本時，發現原田祖岳老師（一八七一～一九六一）的法嗣，伴鐵牛老師（一九一○～一九九六），教導的也是相同的修行方式。

聖嚴法師早期的弟子能使用這種方法，因爲在密集的禪七中，法師總是置身於禪堂，觀察每個人的心態，隨時運用善巧方便來調整禪眾的修行。他的巨大能量和親臨現場通常就足以使修行者專注於方法上。後來，由於他身體衰弱又肩負其他工作，除了在晚上的開示之外，經常無法親臨禪堂，因此，在一九九○年代中期，他開始整理出更有系統的方便法門來教導默照，讓弟子能運用這種方法，而不需仰賴他在禪堂。

聖嚴法師把默照分爲三個階段：第一個階段是在打坐中體驗到身心合一；第二個階段是自我與環境合一；第三個階段是體驗到內外廣大無邊，沒有任何障礙感，而心卻清楚明白萬事萬物的細節。在這三個階段之前，則有一個初步的階段，就是修行者只是嘗試隨時放鬆、平靜，集中於全身在打坐。這些階段在本書中都有仔細的描述，而且在修行過程中也能體驗到。然而，這些教導只屬於「修行」，而不是「證悟」默照。人們可能執著於這些階段，把它們視爲修行進步的指標。其實，宏智禪師的默照並沒分這些階段，聖嚴法師之所以列出這麼多階段，只是善巧方便。

這個策略能讓他把默照的不同「階段」連接到他對禪定修行的不同階段之基本教法：從散亂心，到集中心，到統一心（譯按：依據聖嚴法師的禪法，除了先前三個階段之外，最後的階段則為無心）。他把這些禪定修行的階段與般若的修練平衡，強調培養對身、心、環境的主動覺知，以避免只偏向於止的謬誤。換句話說，他能同時結合了止與觀，定與慧。聖嚴法師經常用來說明默照修行的經文來自《六祖壇經》：「諸學道人，莫言先定發慧，先慧發定⋯⋯定慧猶如何等？猶如燈光。有燈即光，無燈即暗；燈是光之體，光是燈之用。名雖有二，體本同一。」（修行人不要說是先有定，再引發慧，或先有慧，再引發定⋯⋯定與慧就像什麼呢？它們就像燈與光。有燈就有光，沒有燈就黑暗。燈是光的體，光是燈的用，雖然有兩個名稱，但本質上卻是相同的。）

在聖嚴法師有關默照的教法中，也特別注意曹洞宗傳統的原則，其中象徵的語言和比喻，強調對立之間的相依相即，不可分離：暗中有明，靜中有動，明中有暗，動中有靜，雜中有純，照中有默。這種說法是宏智禪師典型的教法，傳達了中國式描述同時修行止觀的方式。

我不知道有沒有任何佛教法師像聖嚴法師這樣闡釋宏智禪師的教法。即使在宏智禪師隨身的貼身弟子中，我們都無法清楚分辨默照的修行。但聖嚴法師會說，這些教法只不過

是紙上文字，而且經過他的詮解評釋，默照做爲一種修行法門並不能「導致」開悟，因爲它原本就是無法之法，指向我們每個人本自具有的明顯智慧。我希望本書中的教法能激發讀者自修，引領出無我的智慧來利益他人。

果谷
二〇〇七年十一月
美國紐澤西普林斯頓

第一部

————

修習默照

禪七前

▌晚間開示：默照的方法

　　默照是止觀的另一個名稱，也就是止心和觀心之本性的修習方法。這種修行最早起源於釋迦牟尼佛時代的印度佛教。傳統上，止觀的修行是有先後順序的，修行者由止（止心）到觀（觀照）。第一個階段是修止，來達到定，然後修觀，來達到不同層次的觀照。相反地，禪宗強調頓悟的法門，因此同時修止與觀。

放鬆身心

　　要進入修行，只需做兩件事：放鬆身，放鬆心。首先，確定身體的各個部位都完全放鬆、自在。其次，放鬆態度和心情；要確定你的心態、方法的調性和心情都是自在的，這種放鬆是成功修行默照的基礎。現在我要你們都試著放鬆身心，我會引導你們一起放鬆身體的各個部位。

　　開始時要選擇一個舒服的坐姿。從你的頭開始。要確定頭部的每個部位都放鬆。放鬆你的臉，放鬆眼睛。放鬆了

嗎？繼續往下放鬆臉頰，往下放鬆頸部、雙肩。放鬆了嗎？繼續往下放鬆雙臂，然後放鬆雙手，要確定它們都放鬆了。接著是胸部，然後是背部——背部應該挺直卻放鬆。要確定腹部的肌肉放鬆，這一點很重要。

　　一旦完成了這些練習，應該有三點接觸到蒲團和坐墊，也就是臀部和雙膝。全身從頭到腳放鬆時，只有這三點感受到重量，讓你就像在地板上扎根一樣。身體的其他部位也應該完全放鬆。

　　在結束這些練習之後，如果還覺得不夠放鬆，就自己再做一遍。從頭開始，一個部位、一個部位地放鬆，一路向下直到腳部。在心裡想像往下一個部位、一個部位地掃遍全身，放鬆每個部位，只要有需要，就一直做，以便放鬆。

進入默照的修行

　　一旦身體放鬆了，就注意到自己的體重往下沉。接著就只是清楚覺知自己坐在那裡，把全副覺知放在坐在那裡的身體上。如果放鬆的話，就已經把自己的覺知集中於坐在那裡的自己，就已經進入默照的修行！然而，這只是開始。

　　如果眼睛微微張開時無法放鬆，可以閉上雙眼。如果眼睛睜開，不要注視任何東西，只是微微睜開，向下四十五度角。如果眼睛緊張，頭部也會變得緊張；如果眼睛放鬆，頭部也會放鬆。

　　如果有妄念或胡思亂想，可以把眼睛微微張開。如果發現自己昏沉，這表示沒有放鬆。如果完全放鬆，而且覺知自己的身體就只是坐在那裡，就不會昏沉。之所以會昏沉是因為沒有適當地使用方法，不是沒有放鬆，就是沒把心放在只管打坐上。可能是已經放棄了方法，或只是坐著卻沒有修行，只是休息。打坐時，這種形式的休息可能導致懶散和懈怠。

只管打坐

　　如果清楚知道自己放鬆，或提示自己去放鬆，那本身就是方法。這種過程會擴大到能清楚覺知自己只是在那裡打坐。這不只是檢查身體的各個部位，也是透過感知身體在那邊打坐而產生的覺知，這就是「只管打坐」的意思。在只管打坐時，把自己的覺知完全用在感受在那裡打坐的身體。要維持那種整體的覺知，不要集中在任何特定的地方。覺知身體特定的部位是修習正念，但我們不是在修習正念，而是在修習默照。也要記住自己不是在練習「觀呼吸」。呼吸當然是一種感受，但只是整個身體感受的一部分。你所練習的是覺知全身只是在那邊打坐，與所有不同的感受形成一個整體。不要陷於這些不同的感受，只要維持著身體只管打坐的整體感受。不可能覺知在那裡打坐的身體的每個部位，而只是覺知感官所感受的那些部位。不需要覺知你無法感受到

的身體的那些部位，像是五臟六腑。只要把身體的部位當成一個整體。關鍵在於一直維持著這種對身體整體的感受和覺知。

禪七的前兩天如果身體的覺知大都不舒服，那其實是自然的，但不要在那之上添加任何念頭、感受、態度。身體可能有某些特定的部位體驗到痛苦甚至愉悅，但不要留意或集中於這些部位，而要把這些部位連接上在那裡打坐的全身。只要承認此刻疼痛或舒服，維持住只是知道並承認全身感受中的那一部分。

身上某些部位緊張，可能會使整個身體不安穩或焦躁。如果發生這種情況，就請回到放鬆的方法上。只要在心裡想像著把身體一個部位、一個部位地掃過，直到自己放鬆、自在、穩定。做到這一點時，就只要坐在覺知中。

把修行延伸到生活習慣

你也能把這些原則納入自己的所有活動，像是打坐時就只是打坐，睡覺時覺知整個身體要睡覺，走路時就只是走路，吃飯時就只是在那裡吃飯。把整個生命投入當下正在做的事，以那種方式生活。因此，我們訓練自己把整個身心投入正在做的事。不管是打坐或吃飯，沒有胡思、妄念或其他念頭。整個你──環境、身、心──都在那裡。不管做什麼，手邊是什麼事，全副生命就在那個當下。

　　有些人也許會把整體生命投入修行或手邊的事解釋成是很緊張的方法。這種看法是不正確的。把整個人投入正在做的任何事，其實就是擺脫當下的其他事。因此，在做那一件事時，那就是你全部要處理的事，而你可以用很放鬆的方式和態度來做。這樣來看，你就更能了解將整體投入眼前的工作是什麼意思。這是修行的放鬆、自在的態度。

第一天

▌晨間開示：無常

　　無常是佛教的基本教誨，可用來調整、調適自己的心。需要了解三個方面的無常：環境的無常，身體的無常，心的無常。沒有相當修行的話，難以直接體驗到心的短暫、無常的本質。開始時藉著了解環境中的無常會容易得多，然後逐步能了解環境、身體和心的無常的本質。環境一直在改變，而你的身體隨之改變。環境變動，你的身體隨之變動。由於外在環境中沒有固定、不變的現實，身為環境一部分的你的身體也不是固定、不變的。當身體隨著環境變動時，會讓你感受到環境也在變動。

　　身體一直在改變，因此當你體驗到身體上的不適或舒適時，那個感覺沒有固定的本質，過一陣子就會消失。肉體也會感覺到飢餓、乾渴和其他的感受，這一切也都是短暫的，也會隨著身體而改變。這一切改變都會在你的身體上造成感受，因而影響到你的心。了解這一切，讓你透過覺知自己對外在環境、內在自身的變化之感受，而在修行上有個契

入點。

我們很執著於自己的肉體，珍惜它，不輕易放棄。然而，深切覺知身體變化的本質，到頭來終免不了毀壞，會幫助我們比較不執著於身體。我們能使自己擺脫身體的限制，能更擺脫身體的作用、動作和感受。

沒有一個修行的方法，很難體驗到心的無常。如果我們的念頭是長久不變的話，就不會受到遷流不息的心所困擾。當我們與自己不和時，就覺得不自在，焦躁不安。在那種情況下，我們需要一個方法來安心，來覺知來來去去的念頭不在我們的掌控中，念頭起伏不定，接續不斷。

使心平靜的一個方法，就是去觀念頭的短暫本質。知道自己的念頭是自生自滅的，就不需要受到它們管控或制約。你的心會定下來，以超然的覺知來觀察念頭，情緒也會變得平穩。如果做得到的話，很快就能使心平伏。

首先，學著放鬆身體，從頭部開始，一路往下到身體其他部位。一旦安定下來，只要知道身體坐在那裡，而且維持那種單純。同時，要覺知無常——環境的無常，身體的無常，最重要的是，心的微妙的無常。

▌下午開示：修行方法的關鍵

修習默照的基礎就是放鬆，以全部的覺知在那裡打坐。

重點就是持續不斷地維持放鬆的身心。能做到這一點,心就比較不會散亂,那時就至少是在修行初階的默照。

　　嘗試放鬆時,大部分人不是變得太鬆懈,進入昏沉,就是太認真,造成緊張或散亂的心。放鬆不表示身體變得鬆垮,心變得懶散,而是整個人很泰然,全心全意、一心一意地覺知自己只是在打坐。如果不放鬆,就很難從這種修行得力。舒服的姿勢能幫助你自在。打坐時,可能感覺不適、疼痛、痠。在這種情況下,放鬆並不表示該鬆懈,而是把這個機會當成能完全覺知全部身體。不要集中或限於讓你疼痛的特定部位。相反地,把它們看成全身知覺的一部分。知道在這個整體中有一個部位疼痛,但能脫離那種疼痛。能脫離那種疼痛意味著覺知它,但不受它干擾。但在清楚覺知這個時,必須同時維持正確的姿勢。如果維持這個態度的話,對疼痛的覺知就會消退。這就是如何放鬆。

　　如果在覺知身體之下也能了解無常,就能觀察到那些感受自然地生、住、異、滅。其實,痛的感覺是讓你規範、調整自己的心的機會。這些情況之所以出現是讓你開發自己的心。不要嘗試逃避或屈服於它們;相反地,要充分利用它們。

堅忍和一心

　　遇到困難時,不要很快就承認失敗。關鍵在於在放鬆和

一心一意的堅持之間保持平衡。我有個說法：「身體要鬆，方法要緊。」「鬆」意味著身體是自在的；「緊」意味著心是警覺而不緊張的。堅忍意味著持續一心地應用方法。這樣，修行就連成一片。要保持平衡，如果是以放鬆和只管打坐開始，那麼一心的堅忍自然就會出現。以放鬆的身心來修行，而且在堅守方法時要很清醒且一心。如果在痛苦和不適中都能這樣維持下去，那就是真正的修行。

　　如果以無常來觀看不適和疼痛，就會脫離而不執著於它們。嘗試避免或逃避痛苦，只不過是執著於它，表現出的是缺乏對無常的了解。疼痛和不適在修行中是正常的，因此要把你對無常的了解納入所發生的任何事。透過無常之鏡來平靜看待這一切。能真正看出它們短暫的本質時，就開始了解空。

　　空可分為觀念的空和經驗的空。觀念的空是在知性上了解所有的現象都是短暫的，因此缺乏固定、持久的真實。這並不是經驗的空。經驗的空只能直接來自修行。我們稍後會談到這種空。

對治昏沉

　　飯後的第一支香經常會覺得昏沉。請香板能幫助幾分鐘，但昏沉很快就會回來。為了消化食物這種生理上的需求，會減少供應到腦部的血液。這和疲勞是造成餐後昏沉的

兩個因素。一種有效的對治方式就是把蒲團墊高一點,讓你
能不費力地伸直背部。然後縮下巴,睜開雙眼,往前直視,
不要眨眼,直到雙眼充滿淚水。另一種方法是高跪在方墊
上,雙手合十,兩眼睜開,那樣子繼續修行。也可以閉上雙
眼休息(除非那會使你覺得更昏沉),或向下四十五度角凝
視。

　　如果這些方法都不奏效,那就只要坐在那裡休息。在這
種情況下,不要努力用方法。如果真正疲勞,要知道什麼時
候該休息。休息時,請坐得正直,閉上雙眼,讓身體休息十
到二十分鐘。恢復了警覺和精力後,再回到方法上。

透過覺知呼吸來進入修行

　　如果熟悉隨息法,能把它當成進入只管打坐的方式,但
不要數息。只要維持完全覺知呼吸的進出。心定下來時,
能不費力地從隨息轉到覺知只管打坐。覺知呼吸變成你全身
感受的一方面,接著就可以開始修行只管打坐。即使使用隨
息法,還是該以先前說明過的放鬆練習開始。一旦頭部放鬆
了,要確定心態也是明朗開放的。把覺知放在呼吸的進出,
直到心平靜、安定、清明。這只是用呼吸為媒介,讓你覺知
整個身體在那裡打坐。當比較不著重於呼吸時,就變得更能
覺知全身的感受。

睜眼和閉眼

　　如果能直接從只管打坐開始，就只管打坐，不必從隨息開始。可以把眼睛睜開或閉上。如果眼睛睜開而不變得散亂或因環境而分心，那就好。但請不要盯著或集中在任何特定的東西。眼睛是睜開的，但心裡仍然完全覺知到只管打坐。這種修行中只做一件事，就是體驗自己只是坐在那裡。

　　閉上眼睛可以使你不與環境攀緣，但要小心昏沉。眼睛可以閉起來，但心不該休息，而該明白清楚，特別是要警覺開放。開放意味著感覺到一種開闊，在其中可清楚完全地覺知到整個人在那裡打坐。如果發現自己昏沉或遲鈍，必須馬上使心警覺起來。張開眼睛，調整姿勢，然後回到修行上。不管眼睛是睜是閉，只要維持清楚地覺知身體坐在那裡。覺知到妄念時，只要立刻回到方法上。這樣，妄念終究會減少、消失。

身體消失

　　修行深入時，心會變得更清楚、開闊，身體的感受會減輕，甚至消失。這時，你的心在哪裡？如果突然想到身體在消失，那個妄念清楚地標示你身體的感覺就要回來。在這個意義上，感覺身體消失可能只是另一種細微的昏沉。如果發生這種現象，就回到覺知只管打坐。另一種可能是你的心真正安定了，但暫時失去了方法。當妄念升起時，你進入了一

個細微、類似遲鈍的停滯階段。覺察到這個時，就把自己帶回到覺知身體。昏沉和遲鈍造成身體消失的幻覺時，解決之道就是回到覺知只管打坐。必要時，首先掃過全身，確定自己是放鬆的。

第二天

▋ 晨間開示：一些常見的問題

開始修習打坐時，有一些常見的問題。打坐時所出現的生理反應包括了痛、痠、麻、癢以及溫、熱、涼、冷，有時氣也會造成身體不由自主的擺動。除了頭痛和胸痛之外，其他所有的身體疼痛都是修行中正常且常見的，不會傷到你。如果能忍受，那很好；如果無法忍受，就換個比較放鬆的姿勢。把兩腿鬆開，或稍稍彎曲背部，來減輕一些疼痛。如果胸痛或頭痛，那可能表示生病了或快要生病了，就暫時把修行放下，休息一下，直到疼痛消失。除非有真正醫療上的問題，否則嘗試逃避疼痛只不過使自己更覺知到它。

感覺涼或暖是好的，但感覺冷或熱則可能有問題。像痠、麻、癢這些身體的感受不會造成任何問題。皮膚癢可能是因為吃東西的緣故。肌肉痛所造成的痠痛感不是問題。腿麻只要把兩腿伸直，按摩，或站起來，就會消失。

要克服昏沉，可以睜大兩眼坐在那裡，收下巴，坐直。另一種方式就是跪在方墊上，雙手合十，繼續使用方法。

如果這些方法都不見效，而你極為昏沉，就該只是以正確的
姿勢坐著，閉上雙眼，暫時把方法放下，休息到恢復體力為
止。

開始打坐

　　開始打坐時，可以只是注意呼吸，或直接練習只管打
坐。如果以呼吸開始，當心變成平靜穩定時，就繼續進行只
管打坐。如果習慣於觀橫隔膜的起伏，很難放下這個方法，
也沒關係，以那個開始，當心平靜、沒有妄念時，就進入只
管打坐。不管如何開始，最終都要把自己的覺知集中在全
身。不要嘗試控制呼吸；只是被動地觀察，單純地覺知呼
吸的進出或腹部的起伏。有意控制呼吸會壓縮胸部，造成強
迫呼吸。如果使腹部緊張，或嘗試控制它的起伏，那也不自
然，也會壓縮到胸部。

心的問題

　　有妄念是正常的，所以不要因此自責。覺知到妄念時，
只要回到修行上。如果因為焦躁、困擾或挫折而無法打坐，
就擱下方法，只是直直地坐在蒲團上，放鬆，直到準備好再
重新回到方法上。要點在於以平和、平常的心理和態度來回
應妄念。當念頭生起時，立即回到方法上。

　　覺得焦躁、困擾或挫折時，這些症狀通常來自散亂的態

度或懈怠。如果因爲懈怠而陷入妄念中，就試著打起精神，發願要精進。繼續使用方法，但要更認眞用功。要想到這是修習佛法的難得機會。但如果清楚自己的焦急或挫折不是由於懶散，那就只要放鬆，讓心自然平靜下來，然後回到方法上。

幻覺

　　打坐時，有時會出現身體的幻覺，比方說，覺得手、頭、甚至整個身體消失。這些幻覺之所以產生，是因爲這些部位的正常感受從你的意識中消失了。如果生起「我的手消失了」這樣的念頭，就是生了妄念，也離開了方法。過一陣子，正常的感受自然就會回來。另一種幻覺就是覺得身體縮小、壓縮或擴大。另一種常見的幻覺就是身體上升或下沉。只要睜開眼睛，這種妄念大部分就能祛除。如果不驚恐的話，這些經驗自然就會過去。

　　打坐時不管眼睛是開是闔，都可能有幻覺——看見或聽見東西。比方說，每次你到達某個階段，會聽到不是從周遭環境傳來的聲音。當覺知它們時，就回到覺知自己只管在蒲團上打坐。這樣的話，這些現象終會消失。如果方法迷失於一團迷霧中，身體似乎不存在，只要睜開眼睛，移動身體，採取正確的姿勢。當身體的感受回來時，再回到打坐上。一旦覺知這些問題，只要練習放鬆就能對治大多數的情況。放

鬆之後，再回到只管打坐。

　　當你到達一個階段，體驗到心裡開闊、明白，沒有妄念與身體的負擔和感受，請不要生起新的念頭。不要問自己在哪裡，在做什麼，該做什麼。只是繼續坐著，那就是在修習默照。你的心很明白、開放，沒有執取的念頭。心靜止就是默，心明白開放就是照。

▎下午開示：默照禪的不同階段

　　雖然我們談默照的不同階段，但不要期望能體驗到清楚、分明的階段。我們之所以用「階段」這個字眼，是作為教導的一種參照。因此，不要想像要有系統地一步步爬到最高的階段。即使使用覺知打坐這種基礎練習，也能證悟到默照。談論階段也表示修行中不同深度的經驗。同理，當我們談數息的五個階段時，這五個不同階段構成了觀呼吸的整體，差別在於經驗的深度。有可能你一坐下來就進入深層次的默照，並不絕對需要經過不同的階段才能達到默照。心中有了這番了解，讓我們來討論默照的前兩個階段。

　　默照的第一個階段是透過只管打坐進入的。只要維持覺知整個身體在那裡打坐。到頭來，身、心合而為一——覺知到整個身體，而不是各個不同部位。這是第一個階段，身心統一。身體不再成為負擔，身體的感受消失，留下的是清楚

明白又開闊的心。

　　修行更深入時，身、心、環境合而爲一——內外統一。這是第二個階段。環境指的是四周的事物，現在感受到它們是你的大身體，也只是在打坐；它不再困擾你或引起妄念。只有整個環境就是你那樣地在打坐。在第二階段的默照，心很清楚開放，可以在打坐和日常生活中修習。

　　如果依然體驗到身體的感受，就還沒到第二階段。繼續維持對全身感受的覺知。一旦全身的感受消失，身體不再成爲任何負擔，就會感受到輕鬆、開放、澄明，沒有妄念、執著。這時，感受到環境就像你更大的一個身體般坐在那裡，就像看待自己平常的身體一樣看待它。你覺知到環境的整體——禪修中心、鳥、風、飛機、路過的汽車、戶外、其他人。平常感受到的那些特殊的事物，現在都變成了整體的環境而存在：每樣東西都是你，而你也是每樣東西。不再有任何特定的東西；整個環境就是你的身體在那邊打坐。

　　在第二個階段時，內外統一。體驗到環境的貼近，卻不受它影響；它全部在那裡，但攝入止中。沒有內在思惟，也沒有外在事情的控制。你察覺到每件事都處在當下。這就是默的方面。照的方面就是清楚覺知每件事物的本然。不受困擾，一動不動，清楚了解周遭的事事物物。這是第三個階段。這種默照就像一面鏡子，形影自由自在地在面前出現，它卻保持完全靜止。外在環境就像這些經過的形影一樣，你

的心就是這面鏡子，因為不動，所以是默，明鑒它面前的一切事物，這就是照。

在某些形式的定中，即使心完全靜止，卻對環境茫然無知，這是停滯的止，而不是明白開放的。相反地，在第三階段的默照中，心靜止卻開放，清楚反映萬事萬物。在這種清楚澄明中，心是止的。

日常生活中的修行

我們在日常活動中，不管是掃落葉、燒飯、清洗浴室、吃飯或休息，都可以修行默照。首先，以例行卻無我的方式來進行這些活動。時時刻刻把工作當成生活，而不把環境視為與自己分離。這些全都是你。繼續用這種方式來工作，雖是默默地，卻很清楚自己的活動和周遭的環境。你在工作時會移動或改變，環境也會隨之改變。不要動搖自己如鏡子般的心，只要讓它反映這一切不同的動作。以這種方式來用功，心會變得很穩定、清楚，而不會把事情牽扯到自己身上。只是讓一切事情如實存在——在動作中，除了手邊的工作本身，不牽扯任何其他事。如果做得到這一點，就不會生起情緒、困擾、愛憎。

在這種情況中的心既清楚又超然。即使你不確定該怎麼做一件事，但對那還是很清楚。心多少離開了這個情境，但還是願意受教。疲倦也是一樣，在辛勤工作後身體可能會疲

累，但心維持著清楚、超然，認知到身體的疲勞，但沒有煩惱。那麼你該做什麼呢？當然是去休息了。

有一次禪七中，我很明確地指導一群學員如何清理田野中的樹枝，把它們分別堆起來，小的跟小的放一堆，大的跟大的放一堆。他們一開始工作，我就能很清楚看出他們工作的方式。大多數人很散亂地離去，四處找樹枝。他們東找一些，西找一些，這裡找一些，那裡找一些，有些掉在地上又撿起來，手裡拿著一些，不曉得該怎麼辦。所以他們以混亂的方式來進行，過了一陣子看起來就疲勞狼狽。

但是，有一個學員很穩定清楚，他的步伐不慌不忙，但極有效率，沒有懷疑或猶豫。他把小樹枝跟小樹枝放一塊，大樹枝跟大樹枝放一塊，全都很有秩序地擺著。他最有效率，工作非常流暢優雅，一點也不顯得疲勞，和其他人明顯不同。我之所以說這個故事，是因為我們的工作反映了我們的心態。如果能把默照帶入日常工作中，可以很有效率、秩序，工作中會很流暢，不容易疲勞。因此，默照是很有用的。請記住，當我們活動時，應該維持靜止的心，把事事物物看得清清楚楚，而沒有個人的偏好。只要與工作和環境合而為一。因此，當身、心、環境合而為一時，以泰然的態度和清明的心，就能輕鬆自在地工作。

記住，你能在禪堂和日常活動中練習第二階段的默照。在默中一直有照，在照中，一直有默，兩者不可分。默照就

是靜止和澄明。在打坐中和打坐後，都該維持這種方式。

　　放鬆，這個基礎要穩定地建立起來。其次，覺知身體的整體，並維持住那種單純的覺知。當身體的負擔和感受消失時，感官領域就擴大了，能把環境納入自身。不要只是因為第二階段是第一階段只管打坐的進階，就想像自己在第二個階段，而必須去體驗。把整個環境當成自己的身體在打坐，不被那些吸納進來的特定聲光所分心。不管在什麼階段，都要維持住原則：默與照是不可分的。當我們討論第三階段的默照時，這會更為清楚。

第三天

█ 晨間開示：空與無我

可以修習的打坐法有很多種，但只能以正見來修習真正的佛法。任何方法都能使我們狹隘的自我感轉換成與宇宙合一之感。然而，在正見的佛法觀點引導下，我們能超越這個大我與統一，走向無我與解脫。引導我們修行的原則應該是無常、空、無我，把這些指導原則運用到修行上就能得到解脫。我們已經談過無常了，今天早上我們要談空與無我。

先前說過，有觀念的空和體驗的空。觀念的空是認知、了解萬事萬物都是無常的，並沒有實質的本體。英文裡的emptiness並不能真正傳達梵文裡的shunyata或中文裡的「空」的意思，人們可能會被誤導而以為是空虛。「空」可以理解為「空去」或「缺少」。空了什麼呢？空了恆常、固定、實質的本質。少了什麼呢？少了執著。因此，佛教意思的空不只是空虛，而是沒有自性。

所有的現象都來自因緣，並隨著因緣的改變而改變。因此，現象並沒有持久的自性。現象存在，而且彼此並存，

但它們的本質是短暫的，缺乏內在、持久、不變的本質。因此，自性本空。了解所有的東西都沒有實質的本質，因而是無常的，就自然不會執著於現象。這種對於空的觀念性了解是基本的佛法。

經驗的空可以是觀空，也可以是證悟空。觀空有不同的練習方式。一個直接的方法就是放下過去，不要投射於未來，也不停住於過去與未來之間的「空間」，而要保持當下的清楚澄明與無執，沒有妄念。當身體感受消逝，也不再受環境影響時，心會清楚覺知既沒有方法，也沒有色相。心不「住」於任何地方。

你可以修行到身體的感受脫落，沒有任何妄念。但如果依然感覺到禪堂或鄰座的存在，那麼環境對你而言依然存在。如果有東西讓你倚賴或執取，那就不是觀。因為你依然覺知到環境，所以就把它當作你的身體只是在打坐。當環境裡的一些特殊事物逐漸脫落時，環境對你來說也不復存在，就能進入觀空。

雖然這並不是證悟到空，但在現階段的修行很重要。你很可能身體意識脫落，心中沒有任何執著。人們習慣執著於某樣東西，以致難以維持這種狀況。不要太驚訝，因為觀空正是沒有執著。只是維持那種清楚澄明。你也許會想：「我的身體呢？我置身何處？我該做什麼？」如果生起這種念頭，當然就有東西讓你執著。其實，只管打坐是觀空最直接

的方法。當只管打坐時，你集中於自己打坐的感受，但並沒有太多的感受，因為你所覺知的是對身體的普遍感，對特定部位很少或根本沒有感受。當心變得更平靜、穩定，而你的方法也很放鬆，泰然自若，身體意識終究會減輕，到時就得到修行的契入點：「默」是心擺脫了過去、現在與未來的念頭，「照」是心很澄明，沒有執著。

觀空

空觀，又名「中道觀」，這是把後來的名詞應用到這種早期的修行。中道既不肯定、也不否定現象的存在，因為這兩個立場都表現了執著。這是真正的觀空的方式。要開始觀時，倚靠的是當下的經驗。比方說，以只管打坐或任何其他方式開始，觀當下現前的事物。不管是打坐、走路、吃飯，就這樣完全觀著它，直到超越了執著，不再受到過去或未來的控制。當你能體驗到這種現前的境界並且放下它，能維持心的這種開放、澄明時，那就是觀空。這時，你的覺知沒有特定的對象，沒有任何東西能倚靠，甚至連當下這刻都不能倚靠。但這尚未真正證悟到空，因為你仍然倚靠著這個層次的單純的知覺本身來觀空。

在那種情況下，什麼是證悟空呢？宏智禪師在有關默照禪的文字中（參閱本書第二部和第三部），將證悟空描寫得非常寬廣遼闊，永遠光明。因為沒有主體（自我），當照出

現時，如實觀察客體（現象）。開悟時，不會體驗到煩惱的生滅，因為其中不涉及自我。這是默的一面──現象平靜消失，而進入本體的狀態，這是感官所無法知道的，是一切如實的狀態，這就是照。這時，事物獨立於任何觀察者之外，以自己的本質存在。因此，不受外在環境的因緣所糾纏，也不會體驗到煩惱。

到目前為止，我介紹了佛法的三個基本原則。開始說的是無常，其次談到空。就空而言，我談到觀念的空，然後討論經驗的空，也就是觀空和證悟空。

然而，更重要的是，要能完全落實於修行中，而不要太關切證悟空。以只管打坐開始，不住於過去，不投射於未來。對身體的覺知只要能知道自己在那裡打坐就夠了。要用功獲得整個身體只是在那邊打坐的感知，只是一種普遍的了解和覺知。漸漸地身體，不管是整體或特定的部位，就不會成為負擔。當心變得更平靜穩定時，全身的感受開始變得無形而消逝。當自然而然到達那個階段時，不要倚靠過去或未來、也不執著於現前，那就是在觀空。

如果環境對你來說依然存在，就把環境當成你的身體，直到環境與身體合而為一。這時，不要執意要達到空，因為它會自然而然到來。你會了解空無法用語言和類比來思惟，也不能把它想成是存在或不存在。文字無法形容證悟的空，完全不可思議。就像我用手指著月亮，你現在看到的只是我

的手指，但你終能看到月亮本身。

▍晚上開示：完全處於當下

在只管打坐的第一階段，你很清楚知道自己坐在那裡。你感受到整個身體坐在那裡，也感受到身體的某些部位。也許會有一些明顯的感受，也可能有一些沒有覺知到的感受。然而，你很清楚知道坐在那裡。這種清楚明白就是照。但如果被痠、痛、癢這些感受分心呢？如果不回應，這就是默，就是只管打坐，也就是默照修習的開始階段。有些人也許會想，好吧，我身體癢，但不去抓它。但如果很想搔癢，你就已經在搔癢了。腿痛也是一樣。「我的腿痛，但我不去動它。不要回應，不要回應。」這就已經是在回應痛了。既然已經回應了，那就乾脆抓癢，伸腿，把事情解決了，然後再回到只管打坐。

在只管打坐時觀空，要完全處於當下。當完全處於當下一刻時，身體意識會逐漸消逝，不執著於過去或未來，到頭來連現在也消逝了。你的心該放在哪裡呢？心應該就只是安住在這澄明、開放的覺知中，擺脫所有念頭。這就是觀空。

如果身體意識消失，卻依然覺知環境，就把環境當成你的全身在那邊打坐。到頭來，所有不同的事物將匯集到一塊兒，環境也不再是負擔。這是另一種進入觀空的方式。不需

要去執著於任何東西，因此放開執取的心，只存在於那裡。然而，這依然不是真正體驗到空。放下了過去、現在、未來時，還剩下什麼？你已經不把執取的心放在外在環境或身體上，而是放在覺知本身，刻刻不離。這種單純的覺知感是不間斷的現在，而且很微妙，但其中依然存在著「我」。如果甚至連我也消逝了，那就是證悟到空，就是開悟。

今天有人問我，可不可能透過觀空而開悟。我的回答是：不可能，觀空無法讓你開悟。其實，「無法」（no-method）能讓你開悟。藉著修行方法，你能定下心，自由自在，不受困擾。任何方法都能把心安住在當下一刻，但運用默照甚至連當下一刻都能放下。就用這種態度：不擔心過去或未來，把現在也放下。只停留在覺知中。禪被稱為「無門之門」（the "gateless gate"〔譯按：即「無門關」〕），是因為它沒有通往開悟之門。那些方法會愚弄你，讓你以為：「啊，那裡有扇門，我們去找鑰匙。」人們會找鑰匙，以為某個正確的方法能讓他們開悟。他們尋找開悟之門，卻找不著，可能就放棄。其實，根本就沒有門。但根據每個人的修行和業報或善根，可能突然入門而開悟。在尋找的過程中，就跨入了無門之門。

如果真有通往開悟的方法，那麼佛陀最喜愛的弟子之一阿難陀在佛陀生前就會開悟了。為什麼阿難陀沒有從佛陀那裡得到開悟之鑰呢？其實，佛陀已經給了阿難陀鑰匙，但

他不知道。佛陀進入涅槃後，阿難陀尋求佛陀的傳人大迦葉協助，但大迦葉拒絕了阿難陀的要求。當阿難陀終於知道除了自己之外，沒有什麼可以引領他開悟時，就放下所有的尋伺，因而開悟。

很抱歉，我教你們的這些禪的方法中，沒有一個可以引領你們開悟！你們會不會因此認為來打禪七是浪費時間？打禪七都很難開悟，更別提不打禪七了。儘管如此，觀空是很好的訓練，讓人學習放下過去、現在、未來，不倚靠任何其他東西而體驗默照。我敦促你們在日常生活中也要觀空。知道自己還沒開悟，還有執著。要有耐心，告訴自己：「我沒有開悟，但我會精進而無所求。」如果能做到這一點，終究會開悟的。你會像憨山德清禪師（一五四六～一六二三）一樣，突然知道自己的「鼻孔向下」（譯按：憨山德清開悟偈曰：「死生晝夜，水流花謝，今日乃知，鼻孔向下。」）。換句話說，你會知道開悟的可能性一直都在那裡。

第四天

▌黎明開示：正見和修行

修行者應對正見和修行同樣重視——兩者攜手並進。如果沒有正見來引導方法，結果會有別於禪師所教的。抱持非佛教見解的人，是無法得到佛法的開悟的，因為不論引導他們的見解為何，都不是佛法的見解。因此，引導的見解很重要，也許比方法還重要。修行已經很困難了，但抱持正見甚至更困難。當釋迦牟尼佛指出八正道時，把正見列為第一項。能接受並抱持正見時，就已經克服了邪見的障礙。雖然只能接受佛陀的話作為指導原則，但正確的了解也是必要的，畢竟我們無法真正接受自己不了解的事。這意味著，以正確的佛法見解來取代你先前的見解。在空的體驗時證悟到正見，這稱為「見性」，是悟道的開始。在體證的時刻，錯誤的見解全然拋下，而能徹底了解佛法的正見。

修行就像航向一個遙遠的港口：必須知道方向、如何航行，但也應該有地圖。如果地圖不正確或指南針定錯了方向，達到的就不是原先想像的地方。因此，地圖不僅重要，

而且必須是正確的地圖。釋迦牟尼佛在多年的艱辛修行之後，自己發現了那條道路。在徹悟和解脫之後，他把自己在這條路上的經驗與人分享。他主要的教誨涵蓋在四聖諦、三法印和八正道。

擁有正見是上路的第一步，也是旅途上的指導原則。正見堅定地建立於四聖諦和三法印的法教中。四聖諦教導的是苦諦以及滅苦之道。在第四個聖諦的道諦中，佛陀教導遵循八正道就可離苦。三法印表達的是對於苦、無常、無我的正確了解。要有佛法的正見，就必須了解並接受所有這些教法。

▎晨間開示：無我

無我有三方面：觀念、修行、成果。要在觀念上了解無我，就必須先了解無常。其次，必須了解空，就能了解無我。這是一個自然的順序。深入觀察現象時，會看到每件事都是短暫的，不斷在改變。這讓你了解到萬事萬物基本上都沒有固定的本質。有這個無常的知識作基礎，接著就能了解空是萬事的真性。如果萬物都一直在變動，又如何能真正存在著一個獨立的實體？把這連結到自己，也就能了解自己和所有的現象一樣都受制於相同的條件。在體驗這一切不斷變化的又是什麼樣的「我」呢？

　　佛教了解「我」或「自我」是五蘊（色、受、想、行、識）的綜合體。這五蘊在人身上共同運作，創造出生理上和心理上的獨立的自我感。這五蘊像所有的現象一樣，也都一直在變化。環境是由不斷變化的因緣所構成，也是由這個不斷變化的「我」來覺察，兩者都處於流變中，分分秒秒在變化。因此，你可以這麼下結論：這個「我」沒有內在固定的本質，因而能在觀念上了解無我。

　　《心經》說：「觀自在菩薩，行深般若波羅蜜多時，照見五蘊皆空。」五蘊是如何空的呢？它們之所以是空，是因為它們沒有本質，而且流變不已。能徹底體驗到這一點時，就是徹悟。但那並不只是憑著覺知就能體驗，而必須憑著般若，也就是佛教所謂的智慧的作用。這種智慧能直接觀空，而不只是觀念上的了解。即便只是短暫地體驗到這個，在那片刻所有的痛苦都減輕了，但更重要的是，能了解到無我。這就是我們先前所謂的證悟空性。如果我們能接受無常、無我、空的見解，就能減輕自己的苦。因此，接受這些正見是踏上八正道很重要的第一步。

觀無我

　　心散亂、混淆、不穩定時，很難觀無我。但可以藉著修行默照來觀想無我。首先，藉著覺知全身的感受並停留在當下一刻，來修行只管打坐。怎麼知道自己坐在那裡呢？你之

所以知道自己存在，是因為時時刻刻都感受到身體的存在。自我透過覺知而存在，而覺知是透過感受而存在。因此，身體（覺知的客體）存在，主體（這個覺知的自我）也存在。如果感受強烈，自我感也就很強烈。往生時，身體變成屍體，但自我感已經不在了，因為覺知不再發生作用。當身體有感受，而你覺知到那些感受時，你知道自己活著，坐在那裡。但身體或感受都不是「我」，而「我」是覺知的產物。因此，修行默照時，不要把感受當成是自己的存在。

打坐時升起妄念，你會自覺地覺知。不論覺知得早或晚，至少是覺知了。此時，念頭被當成客體，覺知被當成主體。主體其實倚賴著客體而存在，而客體也倚賴著主體而存在。沒有主體，就沒有念頭，就像屍體一般。有念頭時，對它的覺知就存在，但覺知之存在是與念頭相關。因此，當了解到念頭不是你時，就在觀想無我了，那是照的方面。默的方面就是只管打坐。時時刻刻停留在當下。如果不回應身體的感受，那些感受終究會消失，剩下的就是這種單純的存在。你已經放下了過去與未來，但還回應著現在的「我」。當停止回應「我」，甚至連現在也脫落了，這就是默的一面。因此，當達到連現在也消失時，那就同時是默與照。

定與無我

就自我的存在而言，我們該如何了解入定呢？是修行者

進入了一個永恆、長久的自我的狀態嗎？如果有個固定的自我，那麼入定時就會永遠轉變爲那種狀態。那又如何從定中回轉呢？如果能入定、出定，那就意味著定是無常的，沒有固定不變的實質。因此，從入定、出定就會了解即使在定中也沒有自我。處在定中的人也許會覺得自己體驗到了某種永恆的東西，但光是能夠出定這個事實就告訴我們在定中所體驗到的並不是恆常的。因此，體驗到定時，請不要把它當成是我。正確的觀點是以無我來了解定。

妄念可能是你的念頭，但不是你，而只是自己來來去去的念頭。有些念頭也許傳達出強烈的執著，給我們一種自我感。人們不容易區別這些強烈的念頭和自我感。但我們修行者知道，我們的執著不等於我們。因此，我們能藉著不把自我和妄念看作同一樣東西，而修行觀無我。日常生活中修行無我正是不要把自己的經驗當成是自我。這種修行與觀空密切相關，因爲在觀想空時，我們擺脫了過去、現在、未來的念頭，不執著於任何事情。

證悟無我

證悟無我有三個層次。第一個層次是直接體驗五蘊無我。先前說過，五蘊是構成身體和心理的五種現象。直接體驗到五蘊無我時，就能超越生死輪迴。然而，在進入第一個階段之前，一般人對自我的觀念就是我所稱的「小我」，也

就是一般的自我。經過靈修或哲思，這種狹隘的自我感消退時，另一種認同就產生了。個人在萬事萬物中看到存在著某種更大的東西，像是一體感或神性。整個宇宙因而變成了「大我」，具有一種巨大、統攝的靈智。但這種偉大的存在依然是在五蘊的限制內，因為當大我取代小我時，依然有「我」的觀念存在。因此，在第一層次的觀無我時，我們看到五蘊皆空、無我時，大我就脫落了。那就是超越生死輪迴。

當我們誦《心經》時，裡面說「五蘊皆空」，「空中無色，無受、想、行、識」。佛教相信，眾生是五蘊的聚合體，而五蘊中的第一個「色」是物質面，其他四蘊屬於心理面。通常人們把五蘊，也就是身心的實體，當成自我，這其實是誤解。對佛教修行者而言，五蘊就像所有的現象一樣，是無常、空、缺乏自性的。直接領會到這一點，就是第一階段的觀無我。

通常，只有精神領袖或具有堅強信念和熱誠的老修行人才能與萬事萬物合而為一，這就是我所說的「大我」。即使是與自然合而為一，這種經驗都很難體會，只有偉大的哲學家、詩人、藝術家才能達到。在西方神祕傳統中，有經驗的修行人透過沉思祈禱與神祇溝通，在印度，人們可透過瑜伽和禪定與神性合而為一，而在中國的道教也有相似的觀念。在這類經驗中，小我被大我、更高層次的意識或神祇所取

代。然而，自我的痕跡依然存在。這種經驗可以視爲覺醒，但並不是佛教的開悟或禪的證悟。修行人有這種經驗是很好的，但不該停滯於此。具有佛法的正見時，就會了解這不是究竟的無我。儘管它是大我，其中依然有我的痕跡。

如果第一個層次的證悟無我是證得五蘊皆空，那麼第二個層次就是能像阿羅漢那樣得到解脫。這意味著超脫輪迴與五蘊，住於涅槃。然而，當個人進入涅槃時，其他人依然置身於苦難的婆娑世界中。因此，對菩薩來說，慈悲之道是留在生死輪迴中，奉獻自己來度脫一切眾生。這是大乘的慈悲之道，也是佛菩薩之道。

無我與慈悲

當我們努力不是爲了自己的解脫，而是爲了眾生的解脫時，那是再慈悲也不過了。當證悟無我時，就能自由自在遊走於生死輪迴中，回應眾生的需求。宏智禪師說：「在彼同彼，在此同此。」大菩薩以適當的相貌示現來度眾生，卻沒有度眾生的念頭。這種自由自在出入於生死之間，是大乘的大涅槃。具有這種大乘解脫精神的人，發願要到眾生解脫之後才成佛。也有一些在成佛之後，又回來以菩薩的身分來幫助我們。這些大修行人證悟到真正的無我。他們雖然超脫了生死輪迴，卻沒有拋棄生死輪迴。這跟要終結苦難、致力爲自己求解脫的人是大不相同的。

　　佛經中說，觀世音菩薩在無量劫之前就成佛了，即使他完全證悟了，依然以菩薩的身分出現於輪迴中來幫助眾生。觀自在菩薩的中文名字是觀音，以女相出現。另一位文殊師利菩薩是諸佛的老師、諸佛之母，透過他，諸佛繼續示現。由於文殊師利菩薩發下慈悲大願要濟度他人，所以延遲成佛。另一位發下同樣大願的是地藏王菩薩，他甚至進入地獄去解救在那裡的眾生。

　　我們應該效法這些菩薩濟度眾生的奉獻精神。光是慈悲和發願是不夠的；應該超脫生死輪迴，卻依然選擇留在生死輪迴中，這是大乘佛教的開悟理想。然而，你不要因為想到自己從來無法開悟，更別說成佛，而感覺沮喪。重要的是要發願以大菩薩的精神來修行。

　　南泉禪師（七四五～八三五）垂垂老矣時，一位弟子問他：「師父，您圓寂後，會到哪裡去？」禪師不經意地說：「我會到山下做一頭水牛。」弟子甚為震驚：「師父怎麼會成為水牛？我能跟你去嗎？」我必須說，這是一個很好的弟子，師父上哪兒，他就願意跟到哪兒。我還沒遇到像這樣的弟子。於是，禪師答道：「好的，願意的話可以跟來，但你就得吃草了。」（譯按：原為「南泉因僧問：『和尚百年後向什麼處去？』。師曰：『山下作一頭水牯牛去。』曰：『某甲隨和尚去，還得也無？』師曰：『汝若隨我，須銜取一莖草來。』」）南泉禪師已經徹悟了，所以自由自在四處遊走，

就像無疆的水牛一般。只要因緣成熟、眾生需要他的地方，他就會示現。也許他在回答那個問題時，剛好山下有些水牛需要幫助，所以他說：「也許我會做一頭水牛。」對他來說，生死輪迴中任何地方都好。但那個依然有很強烈自我感的弟子轉世為水牛時，只會是頭吃草的尋常水牛！

　　我已經解釋了佛法的三個原則：無常、空、無我。它們是正確的佛法以及正確的禪修的基礎。

第五天

▌黎明開示：發菩提心

　　發菩提心就是發起開悟的利他之心。沒有菩提心頂多只是自我解脫，或修習世間的禪定，而在那種禪定中依然有執著。因此，菩提心是大乘修行者的基礎和首要的焦點。菩提心有兩方面：出離與慈悲。「出離」意味著放棄執念、名譽、自我利益、世間執著。對世間現象的興趣降低時，自我中心也會降低。如果一艘船上堆了石頭，而且石頭愈堆愈多，最終會沉沒。同樣地，如果自我執著和我慢極為沉重，煩惱的重擔可能使船沉沒，我們就無法航行於智慧之海。如果透過出離減輕我們的煩惱，船就能平順地航行。那就是般若，智慧之舟，把我們載到彼岸。

　　慈悲意味著助人利人，同時減輕我執。有些認真的修行人出離心多，慈悲心少，喜歡獨自修行，偏好不要有任何責任。這是一種逃避主義，就像有人要享受婚姻的好處，卻不願意扛起任何責任，一方面尋求幸福，另一方面逃避責任。好的婚姻既需要幸福，也需要責任。同理，在菩提心中必須

要有慈悲與出離。

　　智慧不是靠許願達成的，而是藉由減輕我執和煩惱。為了達到這個目的，我們必須透過出離和慈悲來生起菩提心。只有出離心而沒有慈悲心，就會棄世，產生負面的態度；只有慈悲心而沒有出離心，就會以尋伺之心執著於世間。因此，在菩提心中，慈悲和出離是不可分的，兩者結合才是菩提心。

四弘誓願

　　我們可以在出離和慈悲中發現菩提心的精神，而慈悲和出離的修行則在於我們每天唱誦的四弘誓願：

眾生無邊誓願度
煩惱無盡誓願斷
法門無量誓願學
佛道無上誓願成

　　為了達到度眾生的第一個誓願，我們也需要第二個誓願，就是在幫助別人擺脫煩惱之際，也袪除自己的煩惱。因為人們的秉性不同，煩惱的層次不同，我們必須學習不同的方式來幫助，因此必須學習並精通不同的修行法門，這是第三誓願。當這項工作達成時，我們也修行成佛，這是第四誓

願。開始時我們奉獻自己來利益一切眾生，只有在最後的誓願中才期望成佛。因此，菩提心的精神是出離與慈悲，而菩提心的實質則是實踐四弘誓願。

其實，四弘誓願具現了出離與慈悲。比方說，度眾生之願是慈悲，但只有藉著放棄自我中心才能做到。再者，我們能出離自己的煩惱，但只有具備慈悲才能真正幫助他人解脫痛苦。因此，四弘誓願其實是達成菩提心這兩個特質的方法。

有些人會懷疑即使是第一個誓願都無法達成：「光是自己修行就夠難的了！」然而，我們該把這些誓願看成是意向的聲明，而不是在特定時刻要完成什麼的承諾。這些誓願並不一定要在此生完成，而是給我們長程的指引與奉獻感。一步一步地，我們會逐漸達成這些誓願。但除非我們能發四弘誓願，否則就不該自認是大乘佛教的修行者。

修行禪法即修行佛法

我們以菩提心的精神和四弘誓願來修行時，修行禪法無異於就與修行佛法沒有兩樣，因為我們確立了目標和方向。我們根據自己的速度向目標努力，在這條路上邁向自己的生命之旅。路上藉著出離與慈悲的引導，我們會有智慧幫助他人。

我們談過了四聖諦、三法印、菩提心、四弘誓願，學到

了如何在默照中打坐。這一切的目的是為了要終止煩惱、執
取和我慢。我們之所以做這些，是為了更能幫助別人。我們
利用方法、觀念、見解來斬除自己的煩惱，也幫助他人來斬
除煩惱。這麼做時，我們就實踐了出離與慈悲，而這正是菩
提心。

　　《華嚴經・梵行品》中說：「初發心時，便成正覺。」這
裡教的是覺悟的心進入成佛之道。發起的菩提心可大可小，
但總是一項成就。你也許沒有走完這條路，但至少得到穩健
的基礎，確定未來終將成佛。就那層意義來說，菩提心生起
時就成佛了。生起菩提心又發願要利益眾生的人就是菩薩。

菩提心的階段

　　發菩提心使人步上成佛之道，但這依然是初始階段的
佛。根據《大智度論》的說法，只有在完成五個階段的菩提
心之後才能成佛。這五階段分別為：

　　一、發心菩提，初求開悟；
　　二、伏心菩提，降伏煩惱；
　　三、明心菩提，明照佛性（如開悟）；
　　四、出到菩提，出離輪迴，到達佛位；
　　五、無上菩提，圓滿悲智，佛果圓滿。

　　我們到達這五階段的菩提心中的哪一個？還是還沒生起菩提心？我們每天都唱誦菩提心、發四弘誓願，因此我要你們都能自內心生起這種菩提心，開始走上成佛之道。你們的主要工作就是發起並完成四弘誓願，以成就智慧、慈悲，究竟成佛。如何生起菩提心呢？其中一個方法就是在打坐前先禮拜蒲團。這就是你的法座，開悟的位置，智慧與慈悲的蓮花座。這就是你開始實現誓願的地方。

　　如果沒有慈悲，就無法完成智慧。但要慈悲，也必須要出離。如果既缺乏慈悲，又缺乏出離，那麼自我中心就會增長，煩惱就會增加。因此必須了解並掌握這兩個原則，否則在蒲團上打坐就跟在地上插椿一樣——固定，直立不動，卻也停滯，　無用處。為了擺脫這種狀態，必須在精神上很活潑、有力、明亮。但如何在精神上有力、明亮呢？藉著修止，會體驗到慈悲、出離與菩提心的活潑作用。在這種力量中，心就會明亮。

　　因此，從現在開始，每次打坐時請生起菩提心，請生起利他之心。菩提心就是出離心和慈悲心。出離心在於斬斷煩惱，慈悲心就是濟度一切眾生。如何斬斷煩惱、濟度眾生呢？藉著修行你已經學到而且將要學到的佛法，也是在修習默照。現在就用這個修行方法來契入。

▌ 晨間開示：默照的第三階段

因為人們很自然地認為修行有不同的階段，所以我先前把默照描述成不同的階段。其實，在默照中的任何階段都有可能觀空和無我，也可能在這種修行的任何階段體驗開悟，不必一個階段、一個階段地前進。第一階段是只管打坐，並且覺知全身的感受。這個階段是藉由完全的放鬆身心，不管是透過觀呼吸，或直接開始以全身的覺知來打坐，都可以進入這個階段。第二個階段是體驗到環境和自己合而為一──你就是環境，環境就是你。

默照的第三個階段就是體驗到無限的開闊。如果心充滿了思緒和妄念的話，就無法體驗到無限的心。如果一直分別感官對象，形成狹隘的觀點，也無法體驗到環境是無限的。但是，當我們的念頭完全消退，就覺察到心無限廣闊，而當我們停止分別之後，就覺察到環境無限廣闊。

如果能完全放鬆，維持覺知只管打坐，身體感就會消失。在這個狀態下，環境也可能消失。如果發生這種情況，就進入了淺定的狀態，但那並不是默照的狀態，因為在默照的狀態中會生動地覺知到環境。當達到與環境合而為一的階段時，這也可能發生。如果環境消失的話，你也進入了一種輕定的狀態，但並不是在修習默照，因為修習默照時，你的心會很清楚，覺知一切，全然靜止。可以由任何早先的階段

進入這種照的階段。由於你自己的修行，心變得清楚明亮，
而不執著於自我或非我，這是真正的默照。我重複強調，不
該把默照的這些階段當成靈修的階梯，想要一級一級往上
爬。每個階段都是完整的，都有可能契入真正的默照。因
此，請不要期待有一個比你現在更好的階段。

　　我談到內在的無限和外在的無限，因為你們之中也許有
些人已經體驗到其中之一，或兩者都體驗到。然而，如果
我們體驗到內在的無限，而沒有體驗到外在的無限，那就是
定，而不是默照。因此，你需要知道其中的分別。在定中，
儘管內在是廣闊、開放的，又清楚明白，卻對環境不清楚。
應該也要體驗到環境是廣闊、開放的，放下分別，卻很清
楚地知道外在。在真正的默照中，環境存在，但我們卻絲毫
不會被環境中的任何東西所影響、污染或制約，不再為分別
的念頭所動搖。除非我強調這一點，否則人們可能會在打坐
中體驗到無限的廣闊，但回到日常生活中卻為外在世界所分
心。他們可能發展出一種逃避的心態，想在那種幸福的定中
修行，遠離其他人。這當然不是大乘或禪的教法。這第三個
層次就內在的心和外在的世界而言都是無限的廣闊。有了這
個正見，就能入世而不感覺到煩惱或障礙。

第六天

▌黎明開示：日常生活中的默照

　　現在你們都知道如何放鬆，修行只管打坐。但是，你們知道如何把默照應用到日常生活中嗎？如果不知道的話，也許這個方法的效果還不深入，那麼參加禪七的效用也就不大。因此，我要談談在日常生活中的修行。在古印度，瑜伽修行者常離群索居，在森林中獨自修行。他們向尊敬他們的在家人乞討食物和施捨。中國沒有這樣的傳統，到處乞求施捨的人只不過是乞丐。修行者必須靠工作來生活，維繫他們的修行。因此，禪在傳統上很強調將修行應用於日常生活中。

　　甚至在禪宗初祖菩提達摩（卒於五三六年？）來到中國之前，有些修行者還強調修行中要打坐。到了四祖和五祖的時代，已經建立起自給自足的社群，同時強調工作和打坐。即使如此，這些社群並不廣泛，因為社群要維生相當困難，而社會大眾並不支持修行者。到了第八世紀，六祖惠能（六三八～七一三）的時代，修行主要是在工作。他進入五祖

弘忍（六〇二～六七五）的寺院時，是在廚房裡為人舂米。《六祖壇經》中沒有提到他修習打坐。他在徹悟之後，從五祖得到衣缽，離開寺院與獵人一塊生活、工作，為他們看陷阱。如果他發現動物落到牢籠裡，就會打開牢籠，讓動物自己決定要不要離開。因為他的生計仰賴獵人，所以沒有進一步的動作。

　　到了第九世紀百丈禪師（七二〇～八一四）時，廣為提倡以工作為修行的制度。在他的寺院裡，一日不做，一日不食。該種莊稼的季節，和尚就去種莊稼，利用早晚時間練習打坐。冬天田野結凍，就密集打坐修行，百丈禪師也會開示，而這些禪修長達三個月之久。從此建立了禪宗在冬季密集修行的傳統。

　　我有一個弟子在出家之前是個會計，當我們要她做禪中心的會計時，她抱怨說：「師父，我出家是為了認真修行，但現在又在算錢了。」我告訴她：「這是很不一樣的。從前你是為自己和家人算錢，現在你是為僧團算錢。因為其中沒有自我利益，所以你在做這件事時沒有得失利害之心，這是真正的修行。而你現在的心態也很不一樣。在修習佛法之前，你的心是混亂的，在工作時漂蕩來漂蕩去，而現在在工作中能調整、修練你的心。你是在把自己的能力貢獻給僧團。如果這不是修行，又是什麼呢？」

　　你們也是如此。在遭逢佛法之前，你們沒有修行，日常

生活裡充滿了情緒和妄念。在遇到佛法、學習默照之後，
你們回去之後就不一樣了。不管你們做什麼，工作就變成你
們的修行。不管你們在哪裡，都能規範、調整、修練自己的
心。一方面，你們在修行；另一方面，在與他人互動時，能
維持一顆穩定的心。不管你們在哪裡，那都會成為你們的修
行。

默照的作用

　　當我們吃飯時，應該只是吃飯；睡覺時，應該只是睡
覺；打坐時，應該只是打坐；工作時，應該只是工作。然
而，說是一回事，做又是另一回事。所以我問你們，當你們
在做這些事時，心在哪裡？讓我們看看這該如何應用到工作
上。修習默照意味著把身心都投入手邊的工作。這也意味著
運用適合這個工作的最佳方法。如果你一心一意、盡心盡力
做這件工作，就能以很穩定、放鬆的心來完成。在面對工作
時要有計畫，考量到過去與未來，一旦開始工作，就只集中
於現在。應該用平穩心、平常心來做事，不要感覺愛憎、好
壞或糾纏於思慮。完成工作時，反省需不需要什麼改變，工
作是不是做得好，未來要如何做得更好。這就是如何在工作
中修習默照，不管做什麼，原則都是一樣的。從事任何活動
時，沒有生起煩惱、執著、分別，默就現前。清清楚楚了解
自己的行動，專注地把它完成，照就現前。

　　身為修行者，我們應該清楚了解自己的能力和限制，自己在社會中的角色，能力所及和不及之處。因為每個人天生就有某些性向和限制，知道自己的限制也是修行。有些人的手也許很靈巧，其他人就沒那麼靈巧；有些人擅長做很仔細的工作，其他人比較適合做勞力工作。我們應該學習滿足於自己的限制，並且盡力發揮自己的能力。這就是清楚認知你在哪裡，應該扮演什麼角色。不知道這個只會為自己和他人製造煩惱。

　　知道應該把自己放在哪裡是默；在工作時清楚知道這個就是照。想想看田野裡的牛，雖然活潑、有力，但工作時不會踐踏到莊稼，根據環境適切地回應。如果能像這頭牛這樣，不管在哪裡，工作或與朋友相處，都會帶給你幸福快樂。如果不論你在哪裡都和諧安詳，這就是修習默照。所以，在日常生活中要像一頭牛。

　　修行不限於打坐。不該一離開蒲團，生活就變得有壓力。要很清楚知道自己身體的存在和它的感受。當無意義的感受生起時，不要回應，這就是默。無時無刻維持對整個身心的清楚覺知，這就是照。很清楚知道環境，而不受它影響，這就是整體。以上這些加起來就是默照。現在請全心全意修習默照。

▌晨間開示：直觀

　　在默照中，默在於不追逐瞬間的經驗，照則是清楚覺知真正發生的事情。同樣地，直觀是觀眼前當下所體驗到的任何事情。直接地體驗、接受所面對的任何事情，而不加以觀念化、命名、判斷。畫家對所要畫的東西、如何去畫，都有自己的想法。因此，他的畫顯示出自己對於所畫的對象的感受。相反地，直觀更像是拍照。照相機精確地拍攝下所有的東西，卻不加以判斷、下標籤、產生情緒。就這個意義來說，直觀就像照相機般如實接納事物。

　　我們在戶外經行時，就納入了這種直觀的修行。如果做得好的話，能幫助你修習默照，而默照也能幫助你修習經行。在經行時睜開雙眼，就像平常走路一樣。對自己的感受不要添加任何的觀念或情緒。你可以慢慢走，也可以用正常的速度。跟一般經行不同的是，不要集中在腳的活動或感受。要開放自己的全部感官，不要有任何限制，吸納周圍所發生的一切事，不要添加任何東西。就像照相機一樣，讓所有的東西都進來，體驗它們，這就是如何修習直觀。

第七天

▍下午開示：懺悔

如果我們不能精進於修行，至少應該覺得懺悔。此外，如果不能持五戒，或傷害到別人，我們不僅該懺悔，而且應該修習懺悔。在佛教裡，懺悔只意味著認知自己的錯誤，而願意改過。造成傷害而不認知，那就是無知狂妄。釋迦牟尼佛要弟子們無時無刻都要維持一顆謙虛的心，要懺悔，要認清自己在修行中的懈怠。謙虛意味著時時認知自己的心態，犯錯時感到悔意。因此，修習佛法就帶有精進、謙虛、懺悔。

佛陀也提醒我們無常。誰知道我們什麼時候會死？因此，要充分利用時間來修行，把生命用在有益的活動上。佛陀的一些弟子認為，是的，生命是無常的，我終將一死，但我可以在來生繼續修行。釋迦牟尼佛是這麼回答的：是的，你會轉世，但在來生可能會有四隻腳，那就很難盤腿打坐了。因此，你們要充分利用現在的時間。

現在你們中有一些人的心在浮動，不踏實。你們可能有

太多妄念，但也可能是並不感覺羞恥和慚愧。你們可能甚至
沒有認清自己的情況，而是這樣過日子：心想「啊，這一支
香過了，下支香我要輕輕鬆鬆的，反正禪七快結束了，我下
次再來。」之所以會有這種想法，是因爲沒有認清自己的情
況──沒有謙虛、慚愧、懺悔。

　　如果在過去一星期沒有全心投入修行，沒有盡最大的努
力、全副精神和氣力，你應該覺得羞恥，而修習懺悔。這意
味著完全認知自己的錯誤和鬆懈，誠心誠意努力要改過。這
種懺悔修行並不是承認自己的罪過就獲得赦免。佛教不相信
那回事。在佛教裡，懺悔意味著認知自己的錯誤，爲自己的
行爲負責，當報應來臨時，心甘情願全盤接受。你接受自己
行爲的結果，從現在開始，決心改過向善，彌補前愆。這就
是懺悔修行。

　　無法感覺慚愧、謙虛、懺悔，所表現出來的是活在恐懼
和不安全感中的漂盪的心。但認清自己的情況、爲自己的錯
誤感到謙虛和悔意時，就能感覺如釋重負。你就能眞正定下
來，變得更穩定踏實。那時就能修行懺悔，把自己從恐懼和
不安全感中解脫出來。

　　修行懺悔可以和任何禪修方法並用，而且在日常生活中
也該修習懺悔。認知到自己的缺點和煩惱時，就要感到謙虛
和懺悔；傷害到別人和自己時，就應該修習懺悔。最重要的
是，必須要感覺懺悔，眞實面對自己。可以在佛像面前懺

悔，集中自己的心，但最重要的是要生起慚愧感。

下一支香，我們要做懺悔禮拜。我會跟著你們一塊懺悔，因爲我該爲你們之中一些人的鬆懈負責。禮拜時，試著爲自己不夠精進生起懺悔感。反省自己的一生，你對別人和自己的傷害，爲他人和自己感覺慈悲。重複對自己說：「我爲自己的錯誤感覺悔意，接受責任，願意懺悔」，或類似的字句。當你自內心深處感覺悔意或面對自己的缺點時，就要誠心誠意如此懺悔。否則，這次禪七剩下的時間就只是浪費。不要管別人，現在只要管自己的情況。每次敲引磬的時候，就拜下去，再敲的時候，就恢復立姿。這整支香都是做懺悔禮拜。

禪七結束

▍黎明開示：感恩、迴向、布施

在這次禪七結束時，我要談談感恩、迴向、布施。當心平穩清楚時，我們回想到那些給我們生命、知識、精神成長的人，對他們心懷感恩。但當心不安穩時，我們很可能想起那些障礙我們的人，對他們並不覺得感恩。因此，我們傾向於感恩那些幫助我們的人，而不是那些反對過我們的人。這會是個錯誤的態度。其實，我們應該感恩那些親近我們以及疏遠我們的人，應該感恩那些幫助我們正面成長的人，也應該感恩那些為我們製造問題的人。感恩前一種人，是因為他們給我們機會成長；感恩後一種人，是因為面對逆境使我們成為更堅強的修行者。對一切眾生都抱持感恩心時，就不會有敵人。無分別地感恩每個人時，我慢和自我中心就會減輕。

感恩的修行者了解因果的作用，知道我們的成功和能力不只是來自個人的能力，也來自他人的影響——不管是正面的還是反面的影響。因此，我們以感恩的心奉獻自己，利益

眾生，從親近的人開始，擴及比較不親近的，最後擴及不認識的人。這是適當的順序，因為最親近的人是最需要我們幫助的人。

懷抱感恩心，奉獻自己幫助他人之後，就可以把修行中累積的功德迴向。我們與幫助過自己的人分享並且回饋。如果某人不需要我們的幫助，像是菩薩，那麼我們就應該見賢思齊：不要期盼有任何回報，而只是毫無條件地給予。

在暗室裡點亮一根蠟燭，多少能照亮這間房間，但力量有限。但如果用同一根蠟燭去點燃另一根蠟燭，整體的光明就會增加。如果繼續這麼做，就能使整個房間充滿光明。把功德迴向給他人就像這樣。如果自私地把我們的燭光蓋住，就只能提供有限的光明。和別人分享我們的光亮時，自己的光亮並沒有降低，反而增加了所有人可以得到的光亮。因此，當別人點亮我們的蠟燭時，我們就往外散發光芒。當我們心懷感恩，用自己的蠟燭點亮別人的蠟燭時，整個房間就會更明亮。這也就是為什麼我們要把功德迴向給他人。這樣的光亮是持續不斷、無窮無盡的。

當我們有了感恩心、奉獻自己幫助他人時，就是在修習布施。我們能以財產、自己、佛法來布施。在某些方面，財施是最容易的。少花一點，節儉一點，就能把省下來的布施出去。

我們也該記得布施的本質不在東西的大小或價值。有一

次佛陀要對叢林中的群眾宣講佛法，但天黑了，有些人獻出
自己的燈，但有個無家可歸的婦人，唯一的財產就是乞討的
碗，就把它獻出來當油燈。佛陀知道之後，就對會眾宣告，
老婦人的功德最殊勝，因為她奉獻了自己所有的財富，也就
是她乞討用的那隻碗。這個老婦人如此奉獻，你認為她失去
了什麼嗎？因此，即使最貧窮的人都能修習布施。

　　布施自己和布施財富不同，因為我們需要修行來得到足
夠的技巧和知識來真正幫助他人。因此，在奉獻自己去幫助
他人之後，我們需要精進自己的修行。第三弘誓「法門無量
誓願學」，說的是你會運用自己的技巧和知識，來完成廣度
眾生的第一弘誓。因此第二種形式的布施，也是布施自己來
學習佛法。

　　至於法施，就以我自己為例。我之所以修習並知道佛
法，是因為我不把它們當成是成就。相反地，我一直對佛法
好奇，因為佛法本身就值得學習。因此，我努力學習，認真
修行，讓自己更深入了解。我感恩自己所學到的，願意把它
與人分享，因此我布施佛法。如此循環不已，學到的佛法更
多，就更能分享和布施。

　　因此，當我們出於感恩，奉獻自己來利益他人時，就是
在修習布施，這是我們可以學的。有些人認為把東西都布施
出去，到頭來自己會一無所有，但佛法是一口取之不盡用之
不竭的水井，不管你布施了多少，總是可以回來汲取更多的

佛法，因為在這口井裡，你汲取得愈多，水位就愈高。只要你布施佛法滋潤他人，佛法就會在那裡。只要你活著，能夠修行，就會一直如此。只要你活著，就能多多學習，多多布施。只要你活著，也能有時間休息、恢復，然後再回到水源。這就是法施的情形。

禪七即將結束，我們現在要舉行一些很簡短的儀式。首先是皈依，其次是受五戒，最後是感恩禮拜。

第二部

宏智禪師論默照（上）

（上）因明入門釋要

《宏智禪師廣錄》摘錄

曠遠無畛，清淨發光，其靈而無所礙，其明而無所照，可謂虛而自明，其明自淨，超因緣離能所。其妙而存，其照也廓，又不可以有無言象擬議也。卻於箇裡樞機，旋關捩活，隨應不勤，大用無滯。在一切處，輥輥地不隨緣不墮類，向其間放得穩。在彼同彼，在此同此，彼此混然，無分辨處。所以道：「似地擎山，不知山之孤峻，如石含玉，不知玉之無瑕。」若能如是，是真出家，出家輩，是須恁麼體取。

衲僧家，枯寒心念，休歇餘緣，一味揩磨此一片田地。直是誅鉏盡草莽，四至界畔，了無一毫許污染。靈而明廓而瑩，照徹體前，直得光滑淨潔，著不得一塵。便與牽轉牛鼻來，自然頭角崢嶸地，異類中行履，了不犯人苗稼。騰騰任運，任運騰騰，無收繫安排處，便是耕破劫空田地底。卻恁麼來，歷歷不昧，處處現成，一念萬年，初無住相。所以道：「心地含諸種，普雨悉皆萌，既悟花情已，菩提果自成。」

【第一晚開示】

大用無滯

　　宋朝時，曹洞宗的宏智正覺禪師教導默照的法門，也留下一些作品，讓我們得以從中很清楚地了解默照的範疇。宏智之前的禪師也曾對這種修行法門留下了一些重要的教誨，像六祖惠能的再傳弟子石頭希遷（七○○～七九○）的《參同契》，另一部經典之作就是曹洞宗的合創人洞山良价（八○七～八六九）的〈寶鏡三昧歌〉。

　　這個修行法門中，「默」是指不用語言文字，沒有心的思惟，而「照」指的是心的清楚明白、寬宏廣大。當證悟到默照的最高境界時，就能不用思惟地回應萬事萬物。這就是智慧。默照的因地就是心無雜念的修行，心是在全然清楚的狀態中，這就是默照的修行方法。

　　讓我們來看宏智禪師作品的第一段：

曠遠無畛，清淨發光，其靈而無所礙，其明而無所照，可謂虛而自明，其明自淨，超因緣離能所。其妙而存，其照也廓，又不可以有無言

象擬議也。卻於箇裡樞機，旋關捩活，隨應不勤，大用無滯。

默中有照，照中有默——兩者密不可分。若是默照分離，就只是變成修習止以進入定，修習觀以進入慧。只修習默照中的默，容易進入靜止中的定。但若真正修習默照，就不會進入定，因為這種修行的開闊廣大能避免停滯。這是因為在默中有流暢的智慧，生機蓬勃，活活潑潑。因此，在默照中並不進入定，至少不是完全靜止的那種定。若要說那是定的話，那會是大定，處於大定中的人能在各種情境中自由自在地發揮作用。

宏智禪師的文章並不是修習默照的手冊，而是展現他在這種修行法門中的證悟。從這篇文章我們學到一個指導原則：默和照是不可分的。修行時，我們要謹守這個原則，當我們靜心時，不要讓它變成停滯，而要保持清醒明白，不要只停留在止中。維持這種清明，就不會生起雜念。因此，務必謹記默照同時的本質。依照這篇文章的順序，我先談照，再談默，再談默照的統一。

▋照

曠遠無畛，清淨發光。

　　當本所具有的眞心明照時，它是廣闊無邊的——廣大開放，開闊無限，徹底純淨，不爲念頭和苦惱所污染。在你自己的修行中，能夠說自己的心是光明而無限的嗎？其實，我們的心的範圍往往窄化到只執著於自己的身體。更可憐的是，我們甚至無法維持對於自己身體的覺知。我們的思惟很快就會轉移到子虛烏有之地，想這想那，或者因爲昏沉而睡著。

　　有沒有可能突然進入這種曠遠無畛、清淨無染的境界呢？是有可能的。誰做得到呢？我們知道其中一位就是六祖惠能，儘管他不識字，但一聽到《金剛經》裡的幾句話就開悟了。而宏智禪師本人則跟隨丹霞子淳禪師修行超過十年。因此，我們是有可能體悟到這個境界，但需要堅穩的修行基礎。

　　有沒有可能在基礎的層次就證悟呢？是有可能的。觀呼吸，參公案、話頭，或只管打坐時，都有可能開悟。問題並不是某一個法門能不能讓你開悟，而是你能不能隨時隨地都沒有雜念，一心一意專注於手邊的事。吃飯時，你是不是全心全意，除了吃飯之外沒有任何其他念頭？打坐時，你是不是全心全意只管打坐？如果做每件事都能一心一意，沒有散亂，總是在方法上，開悟只是遲早的事。

　　當只剩下方法，沒有思慮，沒有情緒的波動時，就能體驗到無限的時間和寬廣的空間。這是好現象，但還不是開

悟，因爲依然殘留著自我（如果自我感也脫落，那就會是開悟）。我們把這稱爲「統一心」。如果能體驗到這個，就不會輕易放棄修行打坐。

從這些文字的意象中，我們多少可以體會到一些：心廣大開闊，沒有限制。這裡的「清」字在中文裡還有其他意思，像是清新、清洗。想像自己擺脫了感情上的苦惱、攪擾或心的限制，只有純潔、清淨、清新的智慧不假自作，自由自在地發揮作用。單單是想像這個光景就很愉悅了，更別說去體驗了。

▌默

> 其靈而無所礙，其明而無所照。

中文裡的「靈」也帶有靈巧、靈活的意思。因此，這裡說的是某種生動、活潑、靈巧、無礙的東西。雖然這些描述隱含著活動，但宏智禪師所指的並不是動中的東西。如果想像某件東西完全沒有障礙，廣大無礙，那其實就是不動的。同樣地，靈的活潑與任何可能的障礙無關，因爲並沒有任何障礙。既然不去哪裡也沒有什麼東西要來，就不需要動。因此，默照中這個生動活潑的性質其實是不動的——這就是默。

如果嘗試以「止」的比喻來描述默照中默的一面，就可能會把它當成是死氣沉沉、停滯、甚至是無用的。但是一個開悟者的心並不是死的，相反地，它是很活潑的。因此，開悟狀態中的默心既生動、有力，同時又無礙。「生動」、「有力」暗示著活動，但全然的清明卻是不動的。那種止具有無限的潛能，因此會是非常活潑的。這是默的功能。

有些人也許會想：「我在修習默照，就該照某個東西」，好像修行是某種探照燈一般。但太陽並非有意照射在任何東西上，而是我們覺知到它的光和熱。「其明」指的是心雖然明，卻不是有意照任何東西——這種清明是沒有自我的。同樣的觀念也出現於佛經中：佛菩薩救度無量眾生，卻無任一眾生得到救度。並不是佛菩薩不幫助眾生，而是眾生得到了佛法之光因而幫助了自己。

▌默照同時

底下描寫的是默照的同時：

可謂虛而自明，其明自淨，超因緣離能所。

「虛」具有許多涵意——空虛、廣大、不在、缺席、沒有、虛無。那它空掉什麼？空掉主觀與客觀，沒有在默照的

人；空掉了二元對立及自我。因為它空虛，所以寬廣；因為它寬廣，所以無所不包；因為它無所不包，所以包含了萬事萬物。但它也不只是虛無。這種照的作用為萬事萬物帶來生機與光明。因此，默中有照，在默中「虛」與「明」並存。

「其明自淨」說的是默中也有照。這種自淨沒有雜染。這裡指的不是道德的污染，而是從我執和煩惱中解脫，不受外在影響的清淨。既然無我，也就沒有「我」在照的想法。然而，這種照卻的確存在於曾經有過那種體驗的人心中。眾生遇到大澈大悟的修行人，感覺自己受到幫助，但對菩薩而言並沒有淨，也沒有被照亮的心。一切只是自然、自發、現成的，而眾生以自我解脫來回應。

「超因緣」意味著超越生死輪迴、緣起的娑婆世界。「離能所」意味著沒有主客對立的障礙。這是解脫者的境界；對這種修行者來說，不再有障礙。他們已經圓滿了默照的修行。這就是頓悟。

其妙而存，其照也廓，
又不可以有無言象擬議也。

「其妙而存」指的是默照中的默，「其照也廓」指的是照。宏智禪師明白指出，這種妙境不能以有無來思考，也無法用語言來解釋。他固然肯定這種境界的微妙光明，卻也說

它沒有確定的性質。因此，宏智禪師既肯定默照，接著又否定它。

這裡是不是有矛盾呢？人們老是陷於二元的思考，受制於是非、得失、高下、先後、善惡等觀念。他們死守著這類的觀念，好像如果放下了「此」，就必須執著於「彼」。但證悟了智慧的人已經超越了對立的思惟。這種人不否認現象，卻了悟事物無常的性質。尤有甚者，他們以平等心來看待一直在流變的環境。每件事都是平等的，不分彼此。這是從他們如何與世界、環境客觀地互動的角度來看。但他們如何主觀地經驗世界呢？

這個嘛，我來問你們一個問題。在你們出生之前，世界存不存在？在你們死了之後，世界存不存在？也許那太遙遠了。比方說，你沉沉入睡，沒有作夢，一直到第二天醒來。在你睡覺時，這個世界對你來說是不是一直都存在？

學員：如果世界不存在的話，你就無法呼吸。

師父：我們不要談生理現象，我們要談的是你沉睡時的心理經驗。假設有人在你睡覺時說話，他們對你而言存不存在？如果他們存在的話，你醒來之後會知道他們說什麼嗎？有些人也許會很快就回答說，不，我不知道他們說了些什麼，但那些說話的人，他們自己知道。但對你來說存在的是什麼？

再舉一個假設的情況。我看到兩個出家弟子在吵架。我

可以說，喔，他們在吵架，而其中一個剛打了另一個一拳。
〔眾人笑〕這時我可能心想，他們的世界和我的世界很不一
樣。我該不該介入？或者我該說：「我知道這種事正在發
生，但這與我無關。」還是要很不愉快地反應，心想：「我
的弟子在打架！如果別人知道的話會怎麼說？哦，真丟臉
啊！我要怎麼活下去！」〔眾人笑〕

　　其實，我是可以處理那個情況。假設這件事並未就此
打住，其中一個弟子說：「他占我便宜！」另一個弟子說：
「管管這個廢物吧！」我左看右看，發現他們現在把我扯入
兩人的爭吵中。我可以說兩個人都對，但他們會說：「那你
就該處理處理！」為了擺脫這個問題，我可以說：「好的，
我待會會處理。」等事情冷靜下來之後，我把他們一塊找
來，責罵一頓，就這麼處理了。〔眾人笑〕

　　現在讓我們回到宏智禪師的文字：開悟者的主觀經驗如
何？客觀地說，一切事情的確存在——人們在你睡覺時說
話，兩個和尚爭吵——這一切都存在。然而開悟者不會把自
我投射到這些事件上。既然這些事不涉及自我，對那個人來
說就不存在。事情都是以相對的方式存在的，也就是說，兩
人的爭吵之所以存在，是因為你親眼目睹。事情就在那裡，
你看到、也聽到了。事情本身依然是客觀存在的，但在開悟
者的主觀經驗中，彷彿任何事都沒發生似的。

　　我們再把這個連接到宏智禪師的文章：是的，照很靈巧

微妙地存在，但它是光明廣大開闊。明照的作用存在，智慧的作用也存在，但因爲其中沒有自我存在，也就沒有相關的對象。文章接著清楚地說，不能以有無、存在或不存在的方式來思惟，也不能透過文字和比擬來描述。它再次否定了一切。明白嗎？

學員：你看到某人揍另一個人 —— 這是存在還是不存在？

師父：存在。

學員：那麼既非存在、又非不存在的是什麼呢？

師父：每件事都存在，不存在的是我執 —— 也就是把現象和事件連接到我。「我知道他們在吵架是因爲『我』親眼看到，因此『我』最好要處理處理！」存在的就是那個。那也不是什麼了不起的事。他們在吵架，你就去處理。這並不是說開悟的人不回應情況。人們彼此痛毆，當然他們對自己來說是存在的。但我們將「我」投射在所經歷的每個情境中，這種情形在開悟者的心中是不存在的。

今天經行時，就在我後面有人倒在地板上。我問他還好嗎？後來他進入主屋（象岡道場的接待中心），我派人去看他的情況。他倒下的時候，我不覺得疼痛，在主觀上也沒有受到任何影響，但事實是他倒下了，而且需要幫忙。不管那是不是慈悲，那是對於他人自然的關切，那是存在的。問題是，那個協助的人心裡想的是什麼？

因此，智慧──不為環境所動──總是與慈悲同在，而且的確會回應環境。你不該想：「他看起來好像摔倒，其實並沒摔倒。」〔眾人笑〕不是那麼一回事。你明白嗎？謝謝你的問題。

你不能說明照的心不存在，它有作用，回應環境，但是那個回應是沒有執著的，沒留下殘餘的痕跡。就存在而言，我們可以看到那個作用的效果，但是因為沒有涉及自我，所以你不能說它是真實存在的。開悟的心就像空中的飛鳥，沒有留下任何痕跡。人們會說：「一隻鳥剛飛過去。」在他們心中有鳥飛的痕跡，這就是執著。對一個開悟的修行者而言，那個時刻已經過去了──鳥飛不留痕。開悟的修行者的行動就像飛鳥一樣，時時不留下任何痕跡。

卻於箇裡樞機，旋關捩活，
隨應不勤，大用無滯。

首先，我們不應該把「樞機」理解成特定的一個點，而要把它想成是使整件事情運作的關鍵作用，在這裡指的就是默照的運用。作用正常時，旋關就能打開，而明亮之心就能不費力地隨應環境。當然，並不是真有一扇門打開，而是比喻某件活潑靈巧的東西──一種通往智慧的作用自由自在、有回應之門道。在這個關鍵點的基礎上，智慧的作用能像某

個活潑生動的東西一樣自然開展。

用旋轉門的比喻也許可以說得更清楚些。旋轉門在一個中心軸上旋轉，那個軸心讓人可以推門進入。在這個意義上，我們也可以說默照中的照就像「樞機」那樣，打開了智慧的作用。但智慧的妙用是不費力的。就像旋轉門一樣，軸心在自己的關鍵點上旋轉，但卻是推門的人使它發揮作用。

「隨應不勤，大用無滯」指的是：智慧或照的作用，回應的是人們的需求和環境；不是出於自我意識要努力去幫助人，而是很自發的。有人需要幫忙？它就回應；你從這邊推，它就開向另一邊。我們往另一個方向推，它就跟著動。這種智慧的作用能根據他人的需求予以恰當的回應。就像旋轉門一樣：軸心本身並不需要使力旋轉，卻能因為它的作用使門旋轉。花了多少氣力推門，樞紐就恰當地回應。智慧的功能就像這樣，是環境與回應之間的完美配合。

有自我執著和自我中心的凡夫，無法把樞紐看成是靜止不動的。他們會說：「瞧！我推，它就動！看見了嗎？」當然，你推，它動，你不推，它就不動。那個軸心只有在你推的時候才有回應。開悟的修行者的智慧運作也是那樣──它來自一個靜止的中心，只回應環境的需要。有一次一個弟子對我說：「師父，你知道嗎？你生氣時，真的很生氣。」我說：「當然，那是因為你們這些人惹我生氣。」〔眾人笑〕其實並不是那麼簡單。問題是，當你看到我的行為是生氣時，

我的心是不是也在生氣？

　　有一次，我到台灣的一座寺廟參訪，有個瘋子闖進來，拿刀威脅人。寺裡的方丈塊頭很大，就拿著他的柺杖走近那個闖進來的人。那人看了一眼這個面容兇悍的和尚，馬上就往出口跑了。闖入的人一離開，那位和尚轉過身來，用很柔和的聲音說：「實在是很悲慘，真的是很可憐，這個人。」

　　當我表現得很生氣時，只要事情過了，我的氣就消了。但是有些人生氣之後就會失眠，有時還連氣好幾天，有些人甚至把怒氣帶到墳墓裡。

　　當我們清楚明白時，當我們能維持穩定、不受情緒干擾時，就能了解「大用無滯」的意思。這個「大用」是什麼呢？就是禪宗所謂的「殺活自在」，意味著開悟的人能恰當地回應環境，而沒有得失或利害之心。開悟的人能看清需要的是什麼，或者像宏智禪師所說的，能「大用無滯」。因此，這是慈悲運作的方式。禪師與弟子應該維持這種「殺活自在」的關係：有時他需要「殺」弟子的妄念以便「活」出他們內在的智慧。

　　古代禪師的猛烈手法如今並不完全實用，因為現代人回應的方式可能與古人不同。在比較不嚴重的情況下，學員可能會回嘴、頂撞；在嚴重的情況下，他會說：「我們法院見！」〔眾人笑〕我記得有個中國人從加拿大來看我，他讀了我寫的一些書，很尊敬我，似乎對我說的任何事都有一種

盲目的信心，而且把我當成大師一般。但在禪七時，我很溫和地指出他的一些問題，他就衝著我大吼大叫。因此，你們允不允許我責罵你們？允許的人請舉手，算了吧！你們現在會說：「是的，你可以責罵我」，但如果我真正責罵時，你們可能就像這個傢伙一樣，衝著我大吼大叫。〔眾人笑〕

好，今晚就到這裡。

【第二晚開示】

恁麼體取

今晚我們繼續講宏智禪師論默照禪的文字：

> 在一切處，輥輥地不隨緣不墮類，向其間放得
> 穩。在彼同彼，在此同此，彼此混然，無分辨
> 處。所以道：「似地擎山，不知山之孤峻，如
> 石含玉，不知玉之無瑕。」若能如是，是真出
> 家，出家輩，是須恁麼體取。

這段文字喚起我們先前談過的「樞機」和回應眾生的需求。樞機是照與智慧的結合。「在一切處，輥輥地」不是字面意思上的旋轉，而是將照描述為智慧的活潑作用。照是智慧自發、創意地回應環境。「不隨緣不墮類」說的是智慧不受限於各種因緣；它的作用不能訴諸於預定的模式，也不能限制於某個特定的情境。

「向其間放得穩」意味著當智慧回應時，是在那個情境中充分發揮作用，既安全又完整。即使它的回應看似循著一

個模式，卻依然適用於特定的情境，既安適又精確。旁觀者可能會說：「喔，那只不過是對那個情境的標準回應。」然而，開悟者的回應是特別適用於那個情境的。

接下來幾句是從客觀的立場來描述智慧與默照的結合：

在彼同彼，在此同此，彼此混然，無分辨處。

菩薩要適切地幫助人，就得與人認同，適應他們的環境。菩薩為了符合不同的情境，就完全適應那些環境等等。為了讓眾生能夠得到幫助，菩薩變成像眾生一般。佛陀就是這樣，以人的形貌轉世來幫助人類。為了完成某個任務，間諜也可能混入敵人之中，適應他們的生活方式。他可能會表現得很好，讓敵人認為他是自己的一員，而得到信任。間諜在得到需要的所有情報之後，就協助達成任務。這裡的差別在於：菩薩是幫助人，而間諜則是欺騙敵人。

當我還是沙彌時，有個瑞士人獲准在禪堂裡修行。他很傑出，終於剃度成為和尚。之後，他進入了傳統的佛學院研究經典，表現良好。他的中文說得幾乎跟中國人一樣好。年輕和尚們很崇拜他，因為他們認為他會把佛法帶到西方去。但他們不知道的是，這個人是基督教的牧師！他接著去到南京，建立了自己的寺院，把它稱為基督叢林。他教人打坐，吸引了許多年輕和尚，那些和尚沒有太多佛教訓練，所以對

佛法所知有限，就只知道如何打坐。所以當這個漂亮的寺廟稱爲基督叢林時，許多年輕和尚就去那裡，跟著他打坐。後來有些人留了長髮，結婚，變成基督教的牧師。〔眾人笑〕

你們認爲宏智禪師所說的「彼此混然，無分辨處」就是這個意思嗎？開悟者沒有自我的觀念，沒有固定的目標。我們不是談任何開悟者，而是徹悟的菩薩。這種菩薩會根據環境來救度眾生，而不認爲自己正在度人。所以說：

「似地擎山，不知山之孤峻，如石含玉，不知玉之無瑕。」若能如是，是真出家，出家輩，是須恁麼體取。

在這段文字中，宏智禪師把修行人比喻成支撐高山的大地和含藏寶玉的岩石。大地和岩石都不自知本身具有的本質。因此，宏智禪師告訴出家人，雖然他們還沒開悟，但應該試著去了解修行的本質。「體取」的意思是品嘗到眞正的體會；那未必是開悟，但對激勵人修行當然是有用的。宏智禪師文章的對象是出家人，但基本上卻是針對所有認眞的修行人。因此，我們敦促在這裡的諸位菩薩要能體取、抓住精要——好好品嘗默照禪的修行。

雖然大地支撐起高險陡峻的山，但並不自覺在這麼做。同樣地，石頭也不曉得自己含藏了無瑕的寶玉。兩者都完

全沒有自我的觀念。因此，這兩個比喻都肯定了默照禪中的默──無思無執。

　　佛陀有時被描繪成具有完美的三十二相，譬如頭上放光、雙耳齊肩等。但如果你生在佛陀那個時代，在街上看到他，你認得出嗎？除非你有上上善根或是菩薩，否則很可能看到的只是一個向人乞討食物的尋常和尚。如果有人告訴你：「他就是佛陀！」你可能會回答：「不，那只是一個乞討的和尚。」而佛陀很可能拿著缽從你身旁走過。因此，如果有人想要憑藉完美的三十二相來認識佛陀，那麼當他們遇到真正的佛陀時，看到的只是一個尋常的乞丐。

　　有個故事說，一位中國高官要到山上拜望中國現代著名的虛雲禪師（一八三九～一九五九）。他在山腳下看到一個老和尚用糞便澆菜，就有點不客氣地要老和尚告訴他如何上山，好去拜會禪師。

　　老和尚說：「你為什麼要見他？」

　　「你不知道嗎？他是一位很有名的大師。我要去拜望他。」

　　「那個傢伙？呸，不必麻煩了，他根本不算什麼，不值得你跑這趟路。」

　　「你怎麼膽敢這麼說那個著名的禪師！看看你，只是像糞土一樣！」

　　「好吧，如果你想見他，那沒我的事。要上山就走那條

路。」

　　當這位官員到達寺廟時，詢問禪師在哪裡。其中一個和尚說：「喔，他正在山下用糞便澆菜園呢。」悔恨莫及的官員急急忙忙下山，撲倒在糞便上，向老和尚跪拜。因此，如果你看到老和尚挑著一桶大便，要對他表示些敬意。〔眾人笑〕

　　不能只憑外表來辨別開悟者，就像不能只看岩石的外表就來辨別裡面是不是藏有寶玉。因此，中國人說：「大智若愚。」相反地，如果你看到一個所謂的禪師言行舉止像大人物般，他的成就很可能大有問題。

　　一些寺廟在大鐘旁懸著一根木頭，作為敲鐘之用。可能會有傻子過來說：「我什麼都聽不到，那個鐘沒用。」但力氣大的人推動那根木頭撞鐘，就能發出響亮的聲音。因此可以說：大叩大鳴，小叩小鳴，不叩不鳴。

　　今晚我們再度談到默照中智慧的無我作用。這種智慧回應眾生的需求，就像巨鐘一樣，沒有自我觀念或執著。當眾生體驗到這種幫助時，的確就能認出。但對開悟者來說，不會自覺有智慧或有幫助。

【第三晚開示】

揩磨此一片田地

今晚的段落很難解釋，但愈是困難，我愈喜歡解釋：

> 衲僧家，枯寒心念，休歇餘緣，一味揩磨此一
> 片田地。直是誅鉏盡草莽，四至界畔，了無一
> 毫許污染。靈而明廓而瑩，照徹體前，直得光
> 滑淨潔，著不得一塵。

「衲僧家」的古老傳統可以追溯到印度，當時出家人會從火葬場、垃圾堆等地收集碎布片，把它們縫起來，染色，作成袍子。之所以這麼做顯然是因為貧窮，但也因為出家人不該執著於世俗之物。因此，「衲僧家」成了平常談論出家人的方式。

我還是小和尚時，看到的和尚幾乎都穿有補釘的僧袍。有一次我看到一位方丈穿新袍，但上面卻縫著補釘，便問他：「為什麼要在新袍上縫上補釘呢？」他說：「如果不這麼做的話，人們就不會稱我為衲僧家。」〔眾人笑〕我現在

穿的袍子並不是那麼破爛，但一個弟子用了上好的麻布補了襯裡。這件袍子原先有洞，夏天時還不錯，但有了麻布襯裡，現在就成了冬天的袍子了。〔眾人笑〕

當宏智禪師說「衲僧家，枯寒心念，休歇餘緣」時，是在奉勸我們要根除煩惱和執著。「一味揩磨此一片田地」意思是說要真正下定決心來修行，這就是原文中所說的「一味」。

這並不容易做到，但第一步是要消除我們的妄念，並誠心誠意地從事真正的修行。「休歇餘緣」指的是停止煩惱心，放下攀緣心。這個比喻滿好的，就像看到寒冬裡的落葉一般，結凍，沒有生命。煩惱和攀緣指的特別是心受到過去的餘影而投射到未來，因而產生煩惱。修行者最該袪除或棄絕的就是這種心。擺脫這些障礙後，就能專心一意清理、恢復這片田地，在此墾植。另一個相似的比喻就是從心鏡上拂去塵埃，讓它回復原先的光明。

「枯寒心念」是默的一面，而恢復、墾植田地則是照的一面，兩者相輔相成，所以應該同時修行。我們一方面掌握並中止攀緣心和煩惱心，另一方面要擦亮心鏡，恢復它的光明。這就是止觀雙運——也就是默照。我們能默此心、使它擺脫煩惱與攀緣幾分，就能使它照幾分。

▌鉏盡草莽

直是誅鉏盡草莽，四至界畔，了無一毫許污染。

其實，一個人不該只是「誅鉏盡草莽」，還要連根拔起所有的荊棘，讓田地回復原先的空無狀態。沒有污染時，就能看到廣闊的田野向四方開展，無邊無際。的確，「誅鉏盡草莽」並未完全描述這種精進的精神。想像一個農夫面對廣闊的田野，而必須根除多年來在上面生長的所有東西。要完成這件看來無休無止的工作需要大決心與大精進。凡是在這片蓁莽蕪亂的田地中所看到的，都必須砍掉，連根拔起，這需要大勇氣與大意志。同樣地，修行人修練心田時應該具有同樣的決心、精進和意志──要無情地對付煩惱與攀緣，不許讓所謂的偷心得勢，從中偷懶找藉口。不要小看了殘留的習氣，一旦發現，就要無情地砍掉、根除。

有些人也許心想：「喝點小酒又有何妨？我又沒傷害任何人。」或者說：「偶爾對人怒吼又會怎麼樣？我就是這樣的人。」然而正是這些我們陷溺其中的小習慣，很容易成為野林。因此，在這片心田裡，我們應該決心砍掉一切。

我認識一個年輕和尚，他習慣在寺廟裡唱平劇。他經常對別人唱，想要找聽眾，在寺廟裡找一小圈人圍在他身邊。有一天另一個和尚說：「你是個和尚，不該唱平劇！如果要

唱的話，就該唱誦佛教的梵唱。」這個唱平劇的和尚說：
「至少我沒像其他人那樣去戲院，看電影。我只不過偶爾哼
個小曲，其他人似乎也喜歡聽。而我的確喜歡，這讓我快
樂。」

其實，這種行為違反了和尚不准唱俗曲的戒律，但他似
乎想到個很好的藉口：「我前輩子一定是個唱戲的，所以擺
脫不了這個習慣。但是我的善業成熟了，所以這輩子當了和
尚，至少這是值得稱讚的。」你們認為呢？畢竟他沒有傷害
任何人，只是偶爾唱個小曲，讓別人聽聽，但身為精進的修
行者就不該屈服於習慣，為自己的行為找藉口。明明知道某
件事不該做，卻依然去做，就不是奉行戒律。想出關於前世
的瘋狂藉口，這是很愚癡的。

因此，一個和尚對他說：「你真的不該再唱了，因為你
讓我們都背上不好的名聲。如果人們發現這個寺廟裡有個唱
平劇的和尚，會怎麼說呢？他們會批評整個僧團。更何況，
你唱得並不好。」〔眾人笑〕那個和尚回答：「喔，算了吧，
你不明白水清則無魚的道理嗎？你得在水裡留點污染。」顯
然這條魚喜歡泥水。

修行者應該遵從宏智禪師的勸戒——精進修行，堅決斬
除「四至界畔」的野草。一旦曉得自己該拔除的錯誤或缺
點，就必須用功斬除它，祛除執著、攀緣、煩惱。至於看不
到的自身的錯誤和習慣呢？如果有人指出我們身上造成別人

煩惱的事，即便自己看不出來，但為了別人，也該用功去斬除，這就是慈悲。我們必須有大決心要根除所有看得見的野草，以及別人在我們身上看到的野草，即使我們自己看不出來。因此，砍掉心田中向四方蔓延的野草，就是照的作用。當覺知之光照在我們的缺點上時，缺點就開始消散。這就是把心中所有問題根源拋在腦後的方法。

「了無一毫許污染」意思是說，一旦發現污染，就必須照亮它。首先必須認清它、接受或肯定它的存在，然後要能放下它。不允許一絲塵埃來污染我們的心田是照的作用。清理心田是照的作用；沒有污染就是默的作用。默的部分是沒有塵埃和污染；照的部分則不許塵埃累積在我們的心田。塵埃累積時，就要一再清理，永遠維持心的純潔與光亮。這就是默照同時。

靈而明廓而瑩，照徹體前。

這兩句傳達了默照本身的境界，也就是努力移除野草後，回復的廣闊心田。默照現前時是什麼光景呢？宏智禪師說：「靈而明廓而瑩。」默和照的結合既是靈，也是明。這個「明」指的並不是光明，而是指心的澄明，至於「靈」也有許多不同的含意，包括活潑生動。這種靈的能力是透明的，看似不在，卻一直存在，就像清澈見底的一潭水。這種

透明是最活潑、最清楚的，無法超越。我們根據這個比喻稍加發揮，當潭水混濁時，是因爲其中充滿了物質。但當水完全透明時，它既存在，也不存在。就是因爲它如此清澈，所以有很大的潛能。就是因爲這個房間的空間是透明的，所以看得到裡面的很多東西。當大氣透明、清晰時，具有最活潑生動的特質。

「廓而瑩」暗示某個沒有疆界、沒有任何限制的東西，而「瑩」指的是照，這描寫的是默照共運的狀態。

在宏智禪師那個時代，許多人批評他和他的默照修行，稱默照靜坐的人是「枯木」，而把清明的狀態比喻成止水。眞正的默照狀態是截然不同的，雖然心靜止、安寧，仍然活潑清楚。因此，默照的境界被比成一直流動的水，清澈見底。因爲默照的心境如此，所以被描寫成靈而明。

宏智禪師在其他地方有些精采的文字，我經常引用來說明默照的證悟，其中兩句就是：

水清澈底兮，魚行遲遲，
空闊莫涯兮，鳥飛渺渺。

這就是默照中的情況：心就像水一樣，非常清澈，有待魚兒緩緩出現。同樣地，心像天空一般寬闊無垠——純粹一片開闊。但這片天空並不是沒有生命：鳥兒在其中飛翔而沒

留下痕跡。這些意象是以動來傳達靜，以有來傳達空。這空
並不是死沉沉，而是活生生的。魚和鳥之所以不見，是因爲
它們潛在。因此，在清澈的水和開闊的天空中，存在著動：
當心默時，存在著活生生的照——明亮、靈晰。那才終於實
現默照同時。

　　讓我們回到原來的文字，「照徹體前」指的是開悟的瞬
間。默照的力量在這裡完全發揮。「體」是佛性、眞如或自
性——這些文字描寫的是這個本質。這種本質徹底明亮，在
禪宗稱爲「看見出生前的本來面目」。宏智禪師在這裡玩弄
這個「前」字：一方面，照的力量穿透佛性，在此現前；另
一方面，在此時現前的，也是在佛性和眞如之前。這暗示著
徹底拋棄觀念化，領悟到眞如。

　　底下接著說：「直得光滑淨潔，著不得一塵」。這裡
「光」指的是照，發出力量來清理污染和煩惱。而中文裡的
「滑」指的既是「光滑」，也是「沒有磨擦」，在上下文中其
實指的是沒有阻撓或障礙——這個光能快速而有效地照穿一
切事物。一旦照發揮作用，了悟佛性（開悟），就能達到純
淨的境界，擺脫污染，這時連一片塵埃都無法附著。

　　今晚所講解的文字，前面一部分講的是默照的使用，第
二部分則透過默照來描述開悟。我們應該講解得更多的，但
因爲摻雜了一些故事，讓每個人都很高興地笑了，所以少了
一些時間。現在接受發問。

學員：對默照來說，大決心和大疑情是不是必要？

師父：大疑情當然不需要，但該有勇猛精進的決心。

學員：修行很辛苦，需要很大的勇氣。那也是為什麼我認為只在寺院中才有可能修行，因為寺院協助創造出那種環境。也許你能說些鼓勵的話。

師父：那當然能應用於在家環境的日常活動中。從這段文字上似乎看來出家的環境是必要的。然而，六祖惠能在《壇經》中說，任何了解他的話的人，都可以把修行應用於在家生活中，並且能夠證悟。問題在於我們是否願意，我們是否決心投入，於在家生活的所有情況中都修行：跟家人、工作、人們交往，都是運用慈悲與智慧心要的機會。到處都有機會讓我們一次試一點，盡我們的能力把煩惱化為智慧，把執著化為慈悲。我們開始時先認清煩惱，而不把自己變得煩惱。智慧在於：知道自己有感情上的執著，但把這些執著化為慈悲、對他人的普遍關懷，而不執著，因為執著會導致痛苦。如此一來，漸漸慢慢、一再嘗試後，就能把慈悲與智慧應用在日常生活中，時時關注於慈悲與智慧。

我已經告訴你們如何在生活中應用默照。如果禪的教誨只對出家人有用，那你們都不會在這裡了，這座大禪堂中只剩下幾位出家人在打坐。〔眾人笑〕

有一次我在羅格斯大學（Rutgers University）演講，有人問我，是不是只有出家的人才能開悟。我告訴他：「不，

在家人也能開悟。」

　　那個人反應很快，緊接著又問：「那你爲什麼要出家當和尙？」

　　我回答說：「出家的目的一方面是要修行，另一方面是要全心全意奉獻於眾生。基本上，出家人獻身於弘揚佛法、續佛慧命。你要不要成爲和尙？」

　　他說：「我考慮過」，然後就一言不發了。

【第四晚開示】

牛心免於束縛

在禪宗裡，牛是修行者妄心的象徵。宏智禪師這段文字用上牛的比喻，來告訴我們如何使牛心擺脫束縛：

> 便與牽轉牛鼻來，自然頭角崢嶸地，異類中行履，了不犯人苗稼。騰騰任運，任運騰騰，無收繫安排處，便是耕破劫空田地底。

宏智禪師說，修行者的心就像牛一樣。即使這個心年輕溫順，但並不平伏或平常，而是很有力的，頭角崢嶸。但也有些好素質：很有活力、勇氣。中國人說：「初生之犢不怕虎。」牛的另一個好素質就是，即使在路上跟其他動物混在一塊，也不會踏到莊稼上。牛和眾生相處得很好，不會製造麻煩。這裡的牛象徵剛開悟的人，他因為重生，所以很活潑、有力。儘管年輕，卻在眾人中頭角崢嶸，相處時也不會為他人帶來煩惱和問題。這就是「了不犯人苗稼」的意思。

史懷哲放棄了音樂家的名聲，遠赴疾病叢生的非洲小村

落去當醫師。他毫無畏懼地在病人中工作多年，活人無數，
自己卻沒生病。同樣地，開悟的人能跟社會上三教九流的人
打成一片，幫助他們，而不受他們影響。中國有句諺語：
「上了賊船，就得學當賊」。開悟的人多少像這樣，如果發現
自己上了賊船，會混跡其中，贏得賊人的信任，到頭來把賊
人變成良民。這是很困難的工作。

　　能力傑出的人經常自信滿滿，自以為是，不去適應別
人，而要別人變得像他們一樣。他們採取的是對立和令人生
畏的方式。另一方面，開悟的人十分尋常，願意適應別人的
環境，自在地與人打成一片。開悟的人透過自己的言行舉止
贏得他人的信任，因而能幫助他人；他們不是透過說教，而
是透過打動人心。人們經常因此遇見佛法，接受佛法。因
此，這種與人互動的方式被比喻成很純淨的光亮，看不到一
點塵埃。與其說教，不如去感動人，讓他們為你所打動。如
果因緣具足的話，他們會自動接受佛法。

　　人們有時對我說，我應該把弟子訓練得更好，好像我是
馴獸師一樣，能把弟子鞭策得更好。有一些非佛教徒的配偶
向我抱怨：「師父，我先生皈依你了，為什麼你沒把他訓練
得更好？」〔眾人笑〕我回答說：「你先生稱我師父，只是
偶爾看看我。但你跟他每天生活在一塊，卻期盼『我』來訓
練他。」我說這話時，心想也許我不該有那麼多學生。他們
皈依我，而我卻突然變成了他們的婚姻顧問。〔眾人笑〕其

實，我們並不使用佛法來屈服人或教訓人，人們接受佛法時，通常是因為他們被佛法所感動、打動。

無論如何，我都對弟子表示關切：「你是佛教徒，要提醒自己佛教徒是什麼意思，要不斷修行寬恕和分享」等等。我會對配偶說：「婚姻是很難得的機緣，應該好好珍惜。婚姻中包含著互助、分享，最重要的是互敬。我會試著幫忙，但你自己也該盡力，因為畢竟是你們倆生活在一塊。要增進婚姻關係最直接的方式就是分享心聲，那麼另一半就會被你感動。」

我們回到原文，「牽轉牛鼻」只是意味著透過修行來鍊心，培養智慧和慈悲。讓我們接著看這個牛心到底是怎麼一回事。

騰騰任運

騰騰任運，任運騰騰，無收繫安排處，便是耕破劫空田地底。

這種慈悲智慧心，這種牛心，任運騰騰，充滿活力，自在地回應眾生與環境，沒有任何偏見。這就是所謂的「任運」。這種存在方式很精準，卻很自由、活潑，而且在與眾生互動時總是非常自在。相對於我們自己的生活，就會看出

人們很忙碌、能幹，但當他們疲勞時，就會顯露出真正的感受。他們會認為：「我成天都在為別人忙這忙那。」他們能完成工作，但當壓力和疲勞攀升時，挫折感就會浮現。他們也許是很騰騰、充滿活力，卻不能自在任運地回應環境，反而像是用挫折來回應，也許心裡感覺有點像是不幸被困在這樣的環境中。

然而開悟的人即使在壓力和要求下，依然覺得很自然，自由自在。他們做事時全力以赴，依照自己的速度，心中非常快樂。即使他們的身體被局限住，行程排滿了各式各樣的工作，但他們的心不忙。沒有忙碌之心就能享受自由自在，並且維持這種愉快的狀態。

我知道一種人很有效率、很有技巧。這種聰明人雖然行程很忙，卻能準時處理完事情，但偶爾他會有這種中國式的說法：「我並沒有吃得比別人多，幹嘛要做這麼多事？」美國式的說法也許不同：「我和你拿的薪水一樣多，為什麼我得做這麼多事？」有些人非常活潑，充滿活力，但覺得困在自己的工作中。有些人既不活躍，也不盡力工作，只是在那裡應付。比方說，如果他們的工作是洗盤子，他們會想：「我不必洗這個盤子，只要把它遞給下一個人，他就得洗得更努力一點。」你們這些洗盤子的人，有沒有見過像這樣的人啊？〔眾人笑〕禪七裡沒有這種人。

宏智禪師說「無收繫安排處」，指的是牛心在任何地方

都能任運騰騰。有些人很能幹、很聰明、又有技巧，但也強烈認同自己所做的事。他們愈是認真工作，成就感也就愈高。但牛心並不以它的所在或行動來認識自己──它不管在什麼地方，不管在做什麼事，都是任運騰騰，充滿活力。牛心不僅不固著於任何一個地方，而且擺脫任何束縛。當六祖惠能開悟時，只不過是個在廚房裡舂米的人。

　　宏智禪師接著說：「便是耕破劫空田地底」。在中國古代牛是用來耕田的，因此宏智禪師用這種方式來形容。「劫」是印度人用來測量漫長時間的單位，因此宏智禪師所說的「劫空」指的是永恆。牛心雖然擺脫了束縛，但仍會一直耕田到劫空，任運自在地回應環境。

　　一般人在社會上要有自尊又要能發揮作用，通常都把心放在某件事情上，需要以某些事情來認定自我。下等人安心於名利和其他自私自利的事。中等人安心於家庭、事業、人際關係。上等人心懷慈悲，安心於利益他人。只有最上等人無心可安，就像牛一樣，心沒有固定的所在，卻能自由自在地回應環境。

【第五晚開示】

法食

　　今天已經是禪七的第五天了，但還是有些人不清楚默照的方法，原因可能很多，第一個是老師解釋不清。第二個是學員們——該怎麼說呢？——因爲剛開始修行而沒有頭緒。不管原因如何，這個方法對有些人來說依然不清楚，所以我要複習。如果明天還有人不清楚，我就再複習一遍。如果禪七結束後仍然不清楚，請來參加下次的禪七，再聽我說一遍。〔眾人笑〕

　　我有大決心要讓你們所有人都清楚這個方法。有一次我在日本，肚子很餓，試著用我有限的日文把這個想法告訴一位日本紳士。我一直指著我的肚子，說：「餓，餓！」他一直說：「Resutoran ni iku」。我聽不懂，於是一直說：「餓，餓！」，而他也一直說：「Resutoran ni iku」。我終於了解他所說的跟我的餓有點關係，後來才發現他說的是「去飯店」。〔眾人笑〕因此你來禪七時對我說：「我渴求佛法，渴求佛法。」而我一直說：「你就在這裡吃吧，不必去飯店。」〔眾人笑〕希望有一天你們都會明白我供養給你們的法食就

是要你們吃的。

因此，讓我再次供養你們法食。首先，從頭到腳放鬆，一個部位一個部位，放鬆你臉部的肌肉，雙眼，雙頰，然後往下放鬆你的脖子，雙肩，兩臂，胸部，小腹，背部；一路向下放鬆。如果第一遍掃過時無法放鬆全身，那就再做一遍，直到全身都放鬆。如果有地方就是無法放鬆，那就放過，直到覺得自己更放鬆時再回到那裡。要放鬆就必須能真正感受到身體，一個部位一個部位，然後放鬆那個部位。有些人總會下意識地緊張，而要命令身體的部位放鬆。如果現在不能放鬆，待會再回到那個部位。

放鬆後，你就能以只管打坐來進入修行。「只管打坐」字面上的意思就是「只專心於打坐」。你們有些人熟悉於日本說法的「只管打坐」，那帶有「只管自己的事」的意思。什麼事呢？也就是注意自己只是在打坐這件事。至少你該清楚自己是在打坐。「意識到自己只在打坐」，也就是知道你的身體坐在那裡。這並不是指要留意身體的特定部位，或涉入特殊的感受。相反地，你的全身，整個人都坐在那裡。留意到自己坐在那裡只不過是知道並體驗到全身都坐在那裡。

當然，我們無法體驗全身。其實，我們通常並無法體會到身體大多數的部位，尤其內在的器官。這並不是感知身體部位的遊戲，而是要知道你的全身坐在那裡。這意味著知道自己整個身體，感受到你的整個身體坐在那裡。你怎麼知道

全身坐在那裡呢？你能感受到的身體的那些部位 —— 四肢、
臀部、頭部、皮膚、雙眼等等 —— 告訴你自己坐在那裡。
你「感受」自己坐在那裡，因此就「接受」和「承認」那
個 —— 要「知覺」那個，「其他一切都不管」。當你注意到
自己在打坐，知道自己的身體在打坐，不要理會身體出現的
特殊感受。相反地，告訴自己，那很好，你（身體那個部
位）想怎麼樣就怎麼樣，而我就只管自己在打坐，這樣就不
會受任何特殊的感受、痛苦或不適影響，而只是「知道」你
的身體在打坐。

　　進一步說，不要重複類似這樣的字眼：「我坐在這裡，
知道自己坐在這裡。」不需要有語言或文字。只有兩個原
則：第一，清楚地知道你坐在那裡；第二，覺知你整個身體
在打坐。不要涉入身體的特殊感受，不受其影響，就是默；
知道你的身體在打坐，就是照。能做到這樣，就進入這種修
行的第一個階段。

　　如果你能維持這樣，覺知自己的身體坐在那裡，而沒有
其他感受，就能在適當時機發展出對環境更敏銳的覺知。那
可能是因為你整個身體的感受逐漸降低，或者身體已經停止
成為負擔，或者已經變成非常細微，以致身體似乎不存在。
你覺知的範圍逐漸擴展，能併入環境並認知環境。

　　這就是把環境當成你的身體在打坐的階段。你依然清楚
地維持知道的原則以及整體的原則。不要涉入任何刺激你感

官的聲音、形狀或事件。相反地，要了解並且知道這一切都只不過是你環境的一部分，就像你的身體是環境的一部分。因此，只要保持覺知整個環境，而不集中於特定部分，把那當作你整個人坐在那裡一樣，而環境也只是你坐在那裡。

如果沒達到與環境合一的階段，只要能清楚覺知你的身體坐在那裡，那也不錯。但如果你與環境合而為一，就把它看作你的身體在那裡打坐，就是那麼簡單。不牽涉到內在環境，也不為外界環境影響，就是默；清楚知道環境，就是照。不管是哪一種情況，如果你達到很平靜、安穩的狀態，沒有許多妄念，相當能處於當下，就能把當下也放下。念頭不駐留在過去，也不投射到未來，你就能只是清楚地維持純粹的覺照。在這個狀態中，可能你不知覺到身體或環境，只是停留在這種清楚的覺照。你知道身體依然在那裡，環境依然在那裡，但不再觀照身體或環境，只是保持捨的狀態：這就是觀空，也就是中道觀。

觀空時，你的時間體驗也會改變。很短暫的時間可能感覺很漫長，很漫長的時間可能感覺只像一瞬間。當很短暫的時間感覺很漫長時，這顯示你很用功地觀空，很用心於方法上。當很漫長的時間感覺只像一瞬間時，這顯示你進入了類似三昧的狀態，時間已經不存在。你可能坐在那裡幾小時、甚至幾天之久，卻覺得只像一瞬間。

今晚就講到這裡。在這次禪七之前，我的胃受風寒，昨

天風寒進到我的喉嚨，我在跟你們講話時，頭很痛。如果
我待在這個冰冷的禪堂，受寒的情況可能更嚴重。明、後兩
天我會來開示，其他時間就試著保持點距離，這叫做隨順因
緣。〔眾人笑〕。誰的因緣呢？你們的因緣。〔眾人笑〕即使
我沒顯露出自己生病，但我的頭和喉嚨都很痛。這只是我身
體的情況，和你我都沒有關係。該我出現時，我就一定會出
現。你們需要我時，我也會出現。

【第六晚開示】

處處現成

昨晚討論的文字是有關智慧心和慈悲心的運作。今天繼續：

> 卻恁麼來，歷歷不昧，處處現成，一念萬年，初無住相。所以道：「心地含諸種，普雨悉皆萌，既悟花情已，菩提果自成。」

「卻恁麼來，歷歷不昧」描述的是開悟的人的功能，他們爲眾生的利益而行事，面對環境而沒有困擾，能全然清晰地看見萬事萬物的原貌。「處處現成」說的是開悟的人不管身在何處都有一種親切感，每件事情如是地在那裡，在中文是「處處現成」，日文裡是 genjo。這種親切感，有如在家中的感覺，自由自在，沒有自他之別，有如「現成」一般。它也意味著萬事萬物已在那裡，沒有必要增減或造作。萬事萬物如是而現成，而你的修行就是其中的一部分。

我初次到日本寺廟掛單時，晚上很晚才到，就直接到宿

舍就寢。宿舍緊鄰寺院，所以出家人都住在那裡。第二天早上醒來時，周圍的人都在講日文。我忘了我人在日本，還心想：「奇怪，爲什麼大家都在講日文？」但我處之泰然，感覺很親切，好像他們在說我自己的方言一樣。

我有兩個弟子到日本進修佛學，他們有時會抱怨有語言上的問題，也跟日本人處得不是很好。我告訴他們，問題不在於語言，也不在於日本人，而是他們自己。他們沒有表現出要跟日本人做朋友，他們和日本人沒有這種親切、自在的感覺；他們沒有讓事情如其所現。我們說的只是一種存在的方式。如果你體會不到親切感，至少不要這樣〔作勢把自己的眼睛、耳朵遮住〕。人們不該認爲：「我不認識他們，他們也不認識我。」相反地，應該對他人敞開心胸。

「一念萬年，初無住相」這兩句可能是從三祖僧璨的〈信心銘〉得到靈感，他在那裡提到「一念萬年」。《華嚴經》裡也提到類似的觀念。這並不是定，入定的人長時間維持一個念頭，住於定但不住智慧。當心不住於任何事時，所有的念頭感覺都像永恆一般。

小參時有人抱怨：「爲什麼我還沒開悟？」或「爲什麼我有這麼多的煩惱？」我會很簡單地回答：「就是因爲你有這樣的念頭。」念頭總是指向「我」、「我」、「我」。看看這個自我有多大，小小的身軀裡藏著大大的自我。當然，這並不是我們先前所說的大的、統一的我，而只是頑固地執著

於自我，沾染著我們所有的經驗。如果你沒開悟，理由盡在其中。

在我所教的所有事情中，有教你要觀想無我，目的就是要消融這個大的自我。我也談無常、空、無我，談觀想，談正確了解萬物的本來面貌。所有這些都是讓你來用的，讓你不要老是把一切事情都連上自我，以便你能逐漸消融自我。我一直在解釋這些重點——無常、空、無我——希望你們這些菩薩能真心地運用。

當六祖惠能初次證悟時，他還沒有在修行，只不過是聽到《金剛經》裡的一句：「應無所住而生其心。」我們所談的正是不要住於表相。「生其心」又是什麼意思呢？是的，確實有個心在那裡——智慧心存在。這種心擺脫了自我中心和自我執著，自由自在地生起、作用，而不受制於表相和形式。而六祖惠能只聽到這句話就開悟了。

諸位菩薩聽我反覆地說萬事萬物是如何地無常，如何地空，沒有固定本質，也無我，但有些人仍然在想他們什麼時候會開悟。我先前說過，沒有方法可以導致開悟。但有些人依然認為我有所保留、藏私，一定有某個方法能讓人開悟。相信我，光靠修行是不能開悟的。

開悟的修行人在任何情境或地方都覺得自由自在，猶如在家中一樣。「萬年」描述的是超越時間，表示人一直就是這樣——自然、親切，彷彿出生於此。昨晚我談到一種狀

態，有人能在度過很漫長的時間，卻體驗如瞬間的感受。相反地，短暫的時間也能感覺很漫長。這是一般人對時間的體驗。然而，在這段文字中，我們指的是開悟的人透過無住於現象而超越時間。在這種狀態中，根本沒有時間的感受。

「無住相」或「不住於相」有很多層次的意思——在一個層次上，意味著心不留住，不讓心附著於某種情境。無住也和無念、無相的道理密切相關。這三個觀念來自《金剛經》裡所說的：「應無所住而生其心。」這些觀念總是一塊出現，同時也是《六祖壇經》的中心觀念。它們彼此相關，就像同一個性質的心的不同微細面。無有所住進一步意味著沒有自我中心。沒有自我中心的人，時間對他來說是很流暢、不重要的。當對時間的體驗是如此時，對空間的體驗也是相同的——無邊無際。開悟的人早已超越了空間和時間。

宏智禪師說：「卻恁麼來，歷歷不昧。」我們可以從兩方面來了解這句話：第一，它描寫的是在徹悟之後體驗到的事情；第二，我們可以把它了解成修行過程中應該遵循的原則。我們談到清明、事情活潑生動，的確，我們在白天大都多少感受到這種情況。白天時，大多數人都是清醒的，儘管有些人不是很清醒；但當我們面對每日的情境時，能不能清楚知道真正發生的事，或感受到情緒的起伏？如果我們能用直觀，如實地看事物，而不受情緒感染、貼標籤、比較、加上自己的觀念和形容，我們是不是能看出事物的本來面貌？

這並不是說如果我們修行直觀，就能發展出某種超自然的眼力。如果你原本近視或遠視，依然還是近視或遠視，但如果直觀得力的話，對你會極為有用：會體會到「卻恁麼來，歷歷不昧」這個含意深遠的說法是什麼意思。直觀得力意味著直接體驗現前的事物。這不是開悟，也不必然導致開悟，卻的確能幫助你的日常生活。在這種狀態中的人體驗到的事情既是不動的，同時也是活潑生動的，因此同時體驗到靜與動。

當我們的譯者果谷菩薩剛剛在喝水時，如果你在直觀，就會看到他拿起茶杯來喝水。你看到他的動作，但對你來說卻是不動的。如果達到這一境界，看到周圍混亂騷動時，就彷彿沒有事情發生一般。這是因為你的心不再被這些事件所左右，而處於靜止中，但你能如實地看到所有事情，也就是我們所謂的達到「輕安」。在藏傳佛教的傳統中，把它稱為「柔軟心」。

當你對世界的體驗更徹底時，就會更精確、細微、敏銳地看到、感受到事情。你的心之所以能更敏銳地看，是因為它不忙著比較、貼標籤、改變事情。一旦沒有了所有這些外在的沾染，心就會變得很安靜、清楚，你也能更如實地看見事物的本來面貌。

有一次我在台灣主持禪七時教直觀。白天時，我們在山邊練習這個方法。我們能看到樹木、道路和路邊的小溪。其

中一位修行人是馬來西亞的和尚，他就是沒辦法了解。因此在大家就寢後，他整夜都坐在那裡，想要得到這個方法的竅門。他坐在那裡一動也不動，眼睛睜得老大，只是一直看一直看。

第二天早上他告訴我：「我想我快發瘋了。我試著修直觀，而我看到的東西突然間停止移動，不只如此，竟然還消失了。不但車子如此，街上的行人也一樣，我看著他們，他們停止移動，然後就消失了。過了一段時間，他們又出現了。我是不是要發瘋了？」

我說：「很好，那就是直觀。」這種情況並不常發生。通常你的視覺變得很敏銳，感官變得更靈活，只是更清楚生動地看到事情。但是，當很認真投入這種修行時，有可能體驗到萬事萬物突然靜止，甚至消失。但如果知道會發生那種事的話，你就不會有問題。

宏智禪師底下幾句其實是引文，但我還沒去查出自何人。讓我們看是怎麼說的：

> 所以道：「心地含諸種，普雨悉皆萌，既悟花情已，菩提果自成。」（譯按：此為六祖惠能之偈，語出《六祖壇經》〈付囑品第十〉）

姑且不管這些話是誰說的，它們描寫的是開悟的狀態。

「心地」指的是大菩提心，開悟的心。「諸種」指的是福德的種子。當一個人證悟菩提時，福德的果實就會現前，那時就知道心地其實充滿了所有這些本自具足的福德。如何處理菩提果呢？就像雨使得種子發芽，當菩提遇到眾生時，功德自然成熟，因此開悟的人把這個功德迴向給一切眾生。

接著說：「既悟花情已」，也就是說開悟自然地開花呈現，並不是強逼或被迫的。在大自然中，花朵自然自發地盛開。同樣地，開悟就自然而然展現，而「菩提果自成」。不只花如此，果也是很自然地結果。果來自於花，而花來自於種子。先前說過，「種子」指的是福德的種子，而這些種子的目的就是要利益一切眾生。

這些性質是我們心中本有的，當我們也開悟時，它們就自然呈現。這些種子的結果能依他人的需要而與人分享，是自然的，而不是運用超自然的力量。因此，自然現象和開悟境界中事物的運作方式緊密相連。就像與眾生分享一般，開悟的功能也是自然而然發生，不是可以追求的。

聽了這之後，你不該只因為它談的是徹悟，就認為沒你的份，這是我們所有人都該效法的重要態度。如果認為開悟前學佛有一種方法，開悟後有另一個完全不同的方法，那就大錯特錯。有些人開悟是因為在開悟前他們的心態已經與開悟的狀態相應──他們在修持悟中的境界，因而能開悟。

宏智禪師揭示了開悟前應有的態度，接著談開悟後的情

況。經論告訴我們修行和開悟的種種情況。擁有正確的態
度，擁有能讓我們愈來愈接近開悟本身的指導原則是很重要
的。我們在禪七中經常看到兩種人：一種人認為他們沒有潛
能開悟，因此聽到我說開悟，就會說：「師父，能不能不談
開悟的事？就只告訴我如何斷除痛苦。我對開悟沒有興趣，
完全沒有興趣，反正我從來就沒辦法開悟。」第二種人正是
來聽我談開悟的：「師父，能不能就只談開悟的方法？我不
要聽其他的。我只要現在就開悟！」你們之中有沒有誰有這
兩種態度的？

　　師父：某甲，你是哪一類？

　　學員：我認為開悟遠在天邊。〔眾人笑〕

　　師父：其實開悟很近；認為它很遙遠，甚至遠在天邊，
是錯誤的觀念，因為開悟不是一樣東西。開悟和我們在禪七
中所做的完全相關。我們在這裡所談的每件事都涉及方法和
觀點，如何放下自私，放下執著，放下這些東西就是開悟。
修行得少一些自私，少一些不執著，就更接近開悟。一方
面，我們不該把開悟想成是一件要追求的東西。另一方面，
我們不該把結束煩惱、解決個人問題看成與自我感無關。就
是因為執著於自我，我們才會有這些問題。如果你認為不可
能開悟，而只要斷除你的痛苦，那就是在兩者間製造了區
別。其實，開悟和斷除痛苦是同樣的。如果因為皮膚傷口感
染而開始剝痂疤，只會延長你的痛。我希望你們都能了解這

一點。

　　學員：我有件事要請教。我們打禪七時心是開的，有彈性，就像這樣。但禪七之後我們回去工作，必須保護自己。你走在街道上，就處於混亂的地方。有人瀕臨餓死的邊緣，有人靠近你要錢，有人的行為威脅到你，為了安然度過這一切，你必須有很強烈的自我感。

　　師父：有強烈自我感的人經常會要屬於你的東西。佛教對無私的了解並不意味著沒有傳統的自我。其實，釋迦牟尼佛在經典中經常這麼提到自己：「『我』說……你聽到『我』說……」至於我們的環境，的確，我們需要個自我來保護我們，而且可能是個很小心、明辨的自我來區別各種不同的情境，以便利益眾生，甚至是那些要占我們便宜的人。如果我不保護自己，讓他們傷害我，就某個意義而言我也參與了他們的負面行為。

　　至於佛教的無我觀，我們應該留意兩個原則。第一，在有人有意傷害你的不利環境中，自己不要生起煩惱。其次，如果我們以真誠慈悲他人的心來面對情境，就不會讓這種負面的環境繼續下去，或讓那些有歹念的人繼續傷害。所以，這其實是兩個原則：（一）斷除煩惱的智慧，（二）停止傷害的慈悲。

　　舉個很簡單的例子。我生病了，喉嚨痛，頭痛，發燒，你說得出的病痛我都有。但是，我既然有這些病痛，當然

不該繼續坐在禪堂這裡想：「我已經達到了無我，死了又何妨？死的是這個肉體，不是我，佛陀說反正沒有自我。」就這樣繼續坐在這裡，讓這個身體病得愈來愈嚴重，甚至病死，那並不是開悟的方式。我必須保護自己不受病害，以便禪七能繼續進行，能帶領更多的禪七，帶領更多的人來修習佛法。因此，當有真正的關懷和慈悲時，也就有智慧。所以我依然有個傳統的自我，會生病，也有身體需要照顧。忽略這個只不過是愚癡、無知。謝謝你問這個愚癡的問題。〔眾人笑〕

我們已經結束了對宏智禪師默照禪語錄的解說。時候晚了，沒時間打坐，甚至也沒時間到外面直觀滿月。

第三部

宏智禪師論默照（下）

《宏智禪師廣錄》摘錄

空無痕跡，照非情塵。光透靜深，杳絕瑕垢，能恁麼自知，恁麼自了。清淨妙明田地，是本所有者，多生不了，只為疑礙昏翳，自作障隔，廓然智游，內忘功勳。直下脫略去、擔荷去，轉身就位，借路著腳。靈機妙運，觸事皆真，更無一毫一塵，是外來物爾。

【第一晚開示】

默照的狀態

今晚我要開始評論宏智禪師論默照的另一段摘要。如果
開頭顯得唐突，那是因為我們的文本是接續上回禪七結束之
處：

空無痕跡，照非情塵。

這幾個字描述的是默照的證悟狀態。「痕跡」指的是我
們經驗到的事情在虛妄心所留下的印象。這些痕跡包括了我
們的知識、經驗、觀點，也包括了語言和符號。當我們修行
默照時，體驗到這些痕跡的空性，然後將它們拋在腦後。這
就是默照中的默。使心默然其實是很困難的。真正的默沒有
限制，沒有善巧方便，也沒有東西能讓心倚靠。我們需要某
件東西讓心來集中，讓它不再喋喋不休，沉默下來。因此，
我們開始這種修行時，只是集中於覺知身體在那裡打坐。這
樣，身體就成了讓我們定下心來的東西。這依然不是默照，
而是進入修行的方便法門。當達到真正的默時，心不住於任

何地方。

　　宏智禪師在另一篇〈坐禪箴〉中清楚描述了如何修行默照。我們現在討論的這篇文章描述的是默照本身的狀態。當心不為任何事情所攪擾，所達到的默就是空。這個空沒有分別，沒有妄念，更重要的是，沒有執著。雖然是空，這個默卻不是完全沒有東西存在的那種虛無。這就是照，因為真正的默總是伴隨著照，而照則是心的本質。被照的是什麼呢？一個人極清楚知道沒有執著或散亂，也沒有妄念。既超脫了分別與執著，同時也覺知這種狀態。那就是默照，也就是「照非情塵」中所說的照。

　　當人們覺知自己心中念頭的起伏時，可能把這情況誤認為照，但其實這只是觀，因為依然有個在觀的「我」存在。這個「我」有許多性質。比方說，當你觀心時，知道有各式各樣的念頭來來去去，而這個活動讓你生起了愛憎迎拒之心。根據所升起的念頭和感覺，你當時的回應就是「自我」。在禪中，「我」所回應的偏好、感覺、印象、情緒，都被指為「塵」。分別心所體驗到的任何事情都是「塵」。因此產生了主（在體驗的自我）與客（被體驗的塵）。那也就是為什麼覺知心的運作和它的環境是觀，而不是真正的默照──因為依然有個自我在體驗。

　　在真正的默照中只有澄明一片，清楚知道自己的心沒有執著，而且清楚知道自己與他人、世界不存在著對立、二元

的關係。更進一步說，這種照與默完美地和諧一致。默與照相輔相成，不可分離。這與二元化的觀念大不相同，在那種情況下有能照和所照。雖然我說：「人的自我覺知」、「人的心沒有對立」，這只不過是我試著藉由文字傳達那個觀念的方式。真正的照或者澄明，總是與默或無執同時並存。如果照與默可以分開，那就不是照，而只是一般的澄心，仍是二元分化，因為其中包含了自他的關係。相反地，如果默離開了照，很容易就變成遲鈍昏沉，陷入空白茫然的經驗。

　　光透靜深，杳絕瑕垢。

　　先前幾句是從照的觀點來看默，這幾句則是從默的觀點來看照。不管我們選擇哪個觀點，兩者都同時存在。「光」當然指的是照，然而是誰在照呢？其實沒有人，因為並沒有一個自我在那裡照。你可以把它稱為「智慧和慈悲的作用」。那是純粹而不受污染的，因為其中沒有自我，也沒有以二元的方式來看待事物。因此，當光穿透時，智慧與慈悲都能發揮作用。宏智禪師這裡所說的光，指的是無我的智慧和無邊的慈悲。那不是物理力量，而是我們能感受到的精神力量，就像我們遇到一位大菩薩時那樣。因此，照是智慧與慈悲的作用。

　　有時我們看見菩薩的像在放光，開悟者所放的光雖然無

邊無際，卻未必看得到，這也就是「光透靜深」的意思。光能穿越一切而沒有任何障礙——沒有任何東西可以阻擋它自由流動。

「靜」蘊含著微妙、沉靜。我這裡所說的「沉靜」的意思就是，光並不是那麼明顯地會讓眾生感受到。這個光是智慧與慈悲，以很微妙的方式作用。雖然它含蓋一切眾生，卻無法加以指明或刻畫，但永遠存在，利益眾生。那不是一個人能看到並覺得敬畏的東西，而只有獲益的人才感受得到，因此就會了解這必定是佛菩薩的慈悲的作用。它奇妙地運作，不爲人所察覺。這就是靜的意思——深廣而無形。

默照中感受不到障礙。照是心的完全清澄，無法被定義、貼標籤或限制。我們用一個空間的比喻：就深度而言，心深不可測；就廣度而言，心無邊無界。由於心明照、靈活，人也默然、泰然。這是當光穿透時所體驗、領會到的深靜。

你也許心想，這個老和尚在說些什麼呀，雖然聽不懂，但還滿吸引人的。〔眾人笑〕其實，我的用意是要引你來練習默照，因爲現在我們無法體驗到它的眞正情況。我們需要一個方法來使心定下來，讓我們應用，因此用這種方式開始。到頭來，我會要你放下所有這些觀念。如果你能做到這一點，就能體驗到默照。一旦你放下一切，不讓心住於任何東西，默照就會現前。到那時，你可能會很歡喜：「啊！現

在我了解師父說的是什麼了。」

「杳絕瑕垢」說的是，在默照中，心裡沒有一絲一毫的煩惱、污染、執著。在中文裡，人們會把「瑕」這個字跟玉聯想到一塊。玉有瑕疵時，價值就不高；圓潤無瑕時，價格就昂貴。同樣地，在默照中，心不僅擺脫了任何瑕疵，甚至連煩惱、執著、攀緣也不會生起，更別說「住」了——就只是純粹的覺知。

當心穩定地照著默時，人依然能回應環境、決定事情、計畫、和他人互動。所有這些過程都是以很穩定的方式進行，沒有任何攪擾。這是日常環境中的默照：心不讓執著所沾染，以致無法看清事物的本貌。多數人的想法和行為像是外在世界給他們造成問題，「世界顛倒瘋狂，而我沒有這些問題。」如果我們這麼想，就連修行者也稱不上，更別說是默照的修行者。我們完全不像一塊無瑕的玉，反而更像一堆煤炭。其實，煤炭是有用的，但與默照無關。

【第二晚開示】

默是沒有自我

能恁麼自知，恁麼自了。

「能恁麼自知」指的是照，「恁麼自了」指的是默。在中文裡，「知」也意味著覺知、知道，這裡指的是照。在修行中，不管你做什麼，請先要明照自我；也就是說，要覺知自己身心的運作。當你修行進步時，就會了解其實並沒有能夠被照的自我。那時，我們知道自己所激起的煩惱、焦躁、焦慮其實並不存在，並沒有一個人在擁有這些煩惱。你也會明瞭《心經》中的「觀自在菩薩，行深般若波羅蜜多時，照見五蘊皆空」是什麼意思。它所教導的是，我們所體驗到的動作、念頭、感覺，並沒有一個獨立的自我或擁有者。當你繼續照，能更生動覺知自己的身心時，就能體悟到空，放下自我，因為自我只是心造化出來的。體悟到自我是空的，就意味著體悟到空性。當你能透過照達到這一境界時，就能真正了解默，也就是沒有自我。

這裡我們必須解釋兩個觀念：自知和自了。即使是菩

薩都有自我,但這個自我和凡夫的自我截然不同。一般眾
生把五蘊當成「自我」而強烈地執取。他們不僅執取這個
「我」,也把五蘊當成「我」,所有因而繁衍出各式各樣的攀
緣、爭奪、執取、對立、焦慮。佛稱自己為「我」,已經得
到解脫的阿羅漢也是如此,但他們所指的「我」只是個方便
的假名,是和眾人建立關係的善巧方便。佛並不把自己的身
心當成自我,只是示現度化眾生。他們的血肉之軀和開悟的
心是純粹的智慧與慈悲的示現。因此,佛的「我」和凡夫的
「我」之間有很大的差別。一者是凡夫執著於「我」,成為煩
惱的根源和焦慮、受苦的原因;另一者是諸佛以無我的智慧
和慈悲,清淨、自在地運作。

在默照中,你覺知你在打坐,但是誰在那裡覺知呢?你
清楚知道你有煩惱和妄念,但又是誰在知道呢?你在蒲團
上打瞌睡,是誰覺知呢?那一定是你,不是嗎?當你愛、珍
惜或憎恨時,是你有這些情緒嗎?這是有煩惱的自我。比方
說,當你坐得好時,對自己很滿意。好極了!太棒了!你認
為那是什麼呢?那是什麼心態呢?

學員:煩惱。

師父:煩惱。好。所以囉,我成天看到這個傢伙很忙,
不是在那邊挪動雙腿,就是在改變姿勢。他的雙腿好像是沉
重的負擔。那雙腿是誰的?我只是猜想,他每次打坐時都感
覺挫折。他也許心想:「為什麼我身上長這兩隻腿,給我添

麻煩？不管我採用什麼姿勢，都很痛。」這雙腿到底是誰的？一個人這麼感受到受限制、不自在時，自我感是很強烈的。要對自己稍微狠心一點，放下對雙腿所有的關切。對你的腿說：「腿啊，我只是在打坐。」繼續放下，放下執著，就會從疼痛中解脫。

如果有很多妄念，可以用同樣的方法。放下對這些妄念的關切和糾纏。你唯一的關切就是只管打坐，讓念頭喜歡幹啥就幹啥。一旦這麼做，就會擺脫散亂心。你在這種修行中唯一的關切就是放下，層層放下。放下對身體的糾纏、妄念，就是坐，只管打坐。那是你唯一的關切。不管身體，不管妄念，就是打坐。如果能像這樣訓練自己，就能從身心得到解脫。

但這是不夠的。當你不再執著於身體，修行很平順，然後會生起喜悅、舒服、滿足。你可能對這感到很高興，那時剩下的就是快樂的自我。你坐在那裡，覺得很滿意，沒有任何關切。但那時，必須連那個滿意的自我也放下。能完全放下歡喜和快樂時，默照就會現前。那是真正的修行，層層放下。

修行藏傳佛教的人都知道，它並不只是誦經和神祕的儀軌，打坐也很重要。我有個中國朋友是位著名的佛教學者，也是有成就的西藏密宗修行者。他說過當他在西藏修行時，只要喇嘛在堂上，他就坐得很好，但喇嘛一離開，他就移動

雙腿。當喇嘛回來時，他就又盤上腿，一動不動。過了一陣子，喇嘛說：「我沒有時間來看著你，我會找某人來看你。」喇嘛出去，搬了塊大石頭回來，放在學者的雙腿上。幾個小時過去了，我的朋友沒辦法改變姿勢，因爲他沒辦法把石頭拿起來。他一直向菩薩們求救，但沒有人來。〔眾人笑〕最後喇嘛回來了，對他說：「時間還沒到，你再多坐幾個小時吧。」

　　不管你遵循的是哪個傳統，都需要訓練雙腿，因此我奉勸你們要忍受先前幾天的疼痛。在那之後，時間就會飛逝。就是用方法，不要管身體。如果疼痛難以忍受，就這麼做：跪在方墊上，把蒲團豎直，把兩三個湊在一塊，就像騎馬一樣（只不過中國人稱爲「騎鶴」）。我看到有人今天不這麼做，而把一隻腿豎起，不是直豎，而是把下巴擱在膝蓋上。這不是默照，甚至連打坐都稱不上。打坐時至少應該坐得正直，要有精神。如果這不管用，就只要把雙腿向前伸直。如果身體不打直，就不是在打禪七，而是在模仿羅丹的著名雕像「沉思者」，就像這樣……〔模仿姿勢，眾人笑〕。

　　如果你的身體還是困擾你，而你的心依然不定，就要試著從內心深處生起慚愧心。怎麼做呢？你必須認清禪七是個稀有的機會。不管你是年長或年輕，問你自己：這輩子還會打幾次禪七？你不確定自己什麼時候會死，面對無常，卻依然不全力投入修行，這是因爲你缺乏精進，缺乏信心。了解

到未來的無常，必須從內在生起深深的慚愧心。慚愧自己有許多的障礙、魔考。是的，在修行途中你會遇到障礙，我們把這稱為「妄心」。你也應該了解，這個魔考並不是來自外在的東西，而是你自己。明白這個，你的慚愧和謙卑會帶來精進，認真修行。

　　昨天我笑甲君說老是動來動去。我相信他感覺到慚愧，因為他今天很認真修行，坐得很好，並沒有因為腿痛而痛死。昨天他可能覺得這雙腿是長在他身上的陌生東西，但今天他是它們的主人了。那就是慚愧心，謙虛能生出力量、精進。

【第三晚開示】

你和環境一塊打坐

　　今晚我要略過宏智禪師的文字，直接談如何實證默照。我的目的是要鼓勵你們超越現在的狀況。默照的眞正狀態就是開悟的心的作用。也許我能說清楚這個修行法門，而激勵你走上這條道路。就像我先前說過的，默照修行的先決條件就是放鬆身體和態度。這並不表示一個人很鬆散，相反地，應該持續不斷、打起精神、精進用功；應該綿綿不斷，打成一片。否則，放鬆就成了偷懶。身體和態度應該放鬆，但是方法要緊，沒有間隙。

　　一旦你放鬆了，就進入了默照的第一個階段，覺知身體在打坐。只要感覺你的身體在打坐，一直集中在那上面。如果一時你沒有了身體的覺受，即便是這時，也必須繼續覺知身體在打坐。沒有身體覺受，意味著你的身體不再是負擔。你覺得輕鬆自在，但這種知覺還必須繼續，不要有任何間隙，這需要努力精進。即使方法是放鬆的，還是要提起精神用功，而且繼續這樣下去，否則可能就坐在那裡彎腰駝背〔模仿快睡著時的喃喃自語〕「打坐，知道打坐〔打鼾〕，

知道打坐，知道某人在打坐」，而你的心只是一大片烏雲。〔眾人笑〕要讓你的心很敏銳清楚，精神抖擻。把你的覺知就貼在整個身體的覺受上，不要鬆開。告訴自己，如果鬆開的話就會死去，因為這個方法就是在輪迴大海中的救生圈。相信這是你唯一的希望。如果在茫茫大海中抓到救生圈，你會放手嗎？我想不會。你必須以同樣的方式看待你的方法。把注意力就鎖定在方法上，否則就會溺斃。

繼續覺知坐在那裡，你可能會到達一個時刻，那時你的身體不再是負擔。身體會很平和，輕鬆自在；你的覺知很清楚靈活，沒有妄念。像這樣繼續下去，你可能會達到一個時刻，那時覺知的領域會自然擴大，包括了環境。你會自然而然留意到環境中的不同事物，感覺很親切。你會覺得與它合而為一。這時不要去想環境有多大，也不去限制它，那只是你身處的環境。

這時有很多事情發生：鳥聲、人語、風吹。這一切都在你覺知的範圍內。持續這樣坐下去，你開始會把環境當成自己的身體，就像只管打坐的階段一樣，只不過範圍寬廣得多。現在環境是你在那裡打坐。維持同樣的原則，不為環境中的特殊事物所動搖，心維持靜止，十分清明。你可以清楚聽到聲音，像是路過的車輛。你很清楚知道那是一輛車，但你的心沒有隨它而去，這種非常清楚的自然性質就是照。維持這種覺知，這種照的作用，就能覺知到真正在發生的事

情。「默」指的是不被牽引，不受控制，不讓你的心隨著去想像那是什麼樣的車；它意味著不隨環境中的特別事物而去。

另一方面，「照」意味著很清楚實際在發生的細節。「默」意味著心不被色、聲所動搖或牽引。在這種觀想的境界中，你與環境合而為一——你就是環境，環境就是你。維持著不被牽引的默的原則，以及清楚明白的照的原則，你可能就會到達另一個階段，此時環境不再是負擔。在這個階段中，你照亮環境，覺知它的存在，卻不生起一連串相關的念頭。你很清楚自己感受到色、聲，但是不回應。然而，你也許不能長久維持這種觀照。你也許會想起看過的電影，希望能記筆記，因而失去這種觀照。其實，這些都只是妄念。當你注意到自己像這樣脫軌之後，立刻把覺知拉回到現在的環境，重新觀照。

在這個階段，你的覺知可能由環境中的聲音所維持。如果沒有聲音的話又會如何呢？你依然必須維持覺知——覺知環境的存在。而這並不只是觀念的或想像的，對你而言，環境確實存在，禪堂存在，只要維持那個簡單的覺知，那就夠了。你來到禪中心，當然它必須存在。你來到松林鎮的象岡，經由關那卡路來到禪修中心，所有你居住過的地方都存在，你不必回想它們，那只是觀念化。沒有聲音時，只要維持自己覺知環境存在，這不是觀念化。

　　我們只剩下幾天了。如果你準備好的話，務必要精進，從只管打坐，到和環境一塊同坐，不要心想：「如果達到第一個階段，我就會很高興。至於以後的階段，就等下一次禪七吧。現在我只把心放在小小的第一階段的只管打坐。」如果你這麼想的話，那就是缺乏信心或只是懶惰。畢竟，要打混的話很容易。三餐別人幫你準備好了，蒲團也準備好了讓你坐。你可以提起方法或只是打混，不管哪一種，不知不覺中七天就過去了。這不是個好態度。

　　但要怎麼變得精進呢？你必須想到自己的生命無常，以及現在掌握到的這個罕見的機會。只剩下幾天了，你甚至不知道自己還有沒有明天。無常於我們的生命中無時無處不在。你有把握自己何時還能參加另一次禪七嗎？也許你或我會死。我年紀大了，即使我還活著，很可能無法再帶一次禪七。有個年輕人坐在我的右邊，他才二十二歲，也許讀過一些有關禪的故事。趙州禪師（七七八～八九七）六十歲時才開始參訪各地的寺廟，八十歲才開始教人。因此，坐在我右邊的年輕人也許心想：「我才二十二歲，還有五十八年，時間多得很。」我們不該把這視為理所當然。事實上，我們全都活在無常中，不確定何時會死。

　　你也許心想：「師父，你真的要我們想到死嗎？」是的，的確如此，因為當你能想到自己的終點時，可能激發你用功。精進並不是要你拿頭去撞牆，或修苦行，而只是意味著持續不斷的認真用功。

【第四晚開示】

清淨妙明田地，是本所有者

清淨妙明田地，是本所有者，
多生不了，只為疑礙昏翳，自作障隔。

　　這幾句揭示的是一顆徹底參透默照的心。如果一個人繼續修行，的確能體驗到「清淨妙明」之心，沒有煩惱、情緒的起伏、自我執著，或其內有「主子」的觀念。「是本所有者」說的是心清淨妙明，換句話說，已經明照了。清淨的心也免除了對立，沒有今念和前念矛盾的激盪。當一個人擺脫了這些內在衝突時，就能真正自由自在。他也不再有與環境的對立。不管遇到什麼，都不相信：「我在這裡，環境在那裡。」在澄明的心中，既沒有內在的「這裡」，也沒有外在的「那裡」。

　　內在的對立是什麼意思？要回答這個問題，你只需要修行默照，來看心的行為。你要心默、照，但是你也有妄念。你會開始打瞌睡，一旦發現時，直接的反應就是生起對立的姿態。我們激起煩惱，現在要處理它。我們會拒絕或執著情

境，產生自我貶抑的念頭，變得失望沮喪，或以其他的方式回應。這就是心因為內在衝突而變得污染不清，是我們以對立的方式在處理事情。

有一種修行方式能讓我們與清淨心更為相應。我們不一定能達到清淨心，但至少應該很清楚了解清淨心和污染心之間的差別。「清淨」指的是沒有對立的思想。當我們知道什麼是清淨心時，就能依照這個了解來修行：如果我們的身體不服從我們的意向，不要對抗它；如果我們的心有妄念，不要對抗它，只要繼續覺知自己只是在打坐，只要清楚察覺到真正發生的事情，納入你的覺知；知道身心發生什麼事，接受並且繼續下去。以這種方式來修行就已經與清淨心相應。

先前我們談到內在的對立。現在，清淨心與環境的關係如何？自我與他人的對立又如何？這很容易陷入與別人的對立。佛經中有許多例子提到好人如何、壞人如何，儘管對很多人來講這是個灰色地帶，但當他們修行佛法時，能清楚回答菩薩是什麼。關於什麼是美德，我們的行動如何造業，造業又如何影響到來生的好壞，他們也清楚答案。他們學到這些行為標準之後，四處打量，連一位菩薩也看不到。他們認識的每個人似乎都屬於地獄。我能證實這一點，因為早有人指定我到地獄。我雙手合十說：「謝謝你。」〔眾人笑〕其實，我盼望在地獄遇見拯救眾生的地藏王菩薩。

有些佛教徒特別喜歡評斷他人。預測別人會在哪裡投胎

轉世，把自己不贊同的每個事物都看成是邪惡，那會是什麼樣的心呢？那不是清淨心，而是閻羅王的心。有一次我在禪中心舉行一個小小的儀式來祝福一對新人。不久之後，我在台灣由我出版的通訊中讀到兩封信。如果我記得沒錯的話，兩封信的意思主要是說：「聖嚴，你又造了一個下地獄的因。趕快懺悔。你沒有謙卑心嗎？」整件事情的來龍去脈是，根據佛教比丘戒律，和尚是不該為人舉行婚姻儀式的。所以這對年輕人讓我造了下地獄的因，但在那之後我多次為新人祝福。我把它稱為祝福，是因為我不是基督教的牧師或猶太教的祭司，我不是要人宣誓結婚，而只是祝福。新人皈依三寶，接受戒律。對我而言，如果我不祝福新人，他們反正是要結婚，卻沒有機會皈依，反正我都要下地獄，乾脆就變成讓人修行的因緣。

這些批評者在批評我祝福年輕新人時，他們並沒有一顆清淨心。修行者需要轉變看待事情的方式。這有很多益處。我們為什麼不能把善緣和惡緣都看成是修行的助緣呢？比方說，看到人做壞事時，這提醒我們要好好修行，不需要把他們看成仇敵。至於為人類做好事的人呢？他們提供我們效法的典範，提醒我們要利益眾生。不管我們遇到善緣或惡緣，應該把所有的人都看成是菩薩，以同時包容正面與負面的清淨心來看待他們。如果能做到不與環境對立，那麼不管面對什麼狀況都能支持並精進你的修行。比方說，現在有蒼蠅在

我臉邊嗡嗡飛、打擾我。從我的觀點來看，能把它們看作是菩薩，給我機會練習耐性。當我們的口譯果谷菩薩捉到一隻蒼蠅，把它帶到外面時，可以想作他捉到了一個菩薩。因此，我們應以清淨心來處理困難，把它們當成菩薩。這並不是說我們該天真無知，看不出事情的本貌，我們應該適當回應，但心要維持清淨、正向。如此，我們多少能了解「清淨妙明」是什麼意思，那是屬於你本有的田地。

當我們有一顆清淨心時，就能以感恩，而不是憎惡之心來回應環境。我掌管一個有很多分會的大組織，其中一部分是由在家居士掌理。其中一個分會中有人跟我抱怨：「師父，你必須來我們分會，否則這個地方會變成地獄。人們彼此批評，互說閒話。他們說：『你有惡業！……你剛剛造了惡業，你的行為對眾生是負面、有害的。』」奇怪的是，這些人真的喜歡彼此。

當我到那裡時，發現這些都是很好的人，很好的佛教徒和菩薩。問題不是他們的性格或行為，而是他們的看法，尤其是他們以佛法的高標準來衡量彼此。當然，以這個很高的標準來看，每個人似乎都在造惡業、說錯話、做錯事。我奉勸他們要把事情視為清淨的，而不是對立的，把問題看成是他們精進修行的機會。最重要的是，應該把彼此看成是菩薩。在那之後，他們就接受我的忠告，而這也為那個小團體帶來一些改變——沒有完全改變，但至少變得更好。至少現

在的監督者不再老抱怨那個地方像地獄,而當這麼抱怨時,
很快就會發現自己的錯誤。

在台灣有個人連續殺人還犯下強姦罪,卻逍遙法外。人
們聽我說要把每個人都看成菩薩,爲此媒體就訪問我。既然
我提倡那個觀念,他們當場就問我這個殺人犯是不是菩薩。
當我回答是的時候,訪問者目瞪口呆地說:「如果他是菩薩
的話,那菩薩到底幹些什麼事呢?」〔眾人笑〕

我回答說:「是的,他的確是個菩薩。比方說,對戴著
墨鏡的人來說,世界是黑暗的。當一個人戴著綠色的眼鏡
時,世界就是綠色的;當一個人戴著明亮的眼鏡時,看到的
是世界本來的樣子。白就是白,黑就是黑,對就是對,錯就
是錯,應該盡可能清楚觀察事情。對我來說,那個殺人犯是
菩薩,但這並不是說我們該允許他繼續傷害別人。他已經傷
害人了,而他的行動應該受到限制。我們應該適當地回應他
的情況,但他給我們一個機會來實現幫助他人的工作。我們
應該逮捕他、限制他,但一旦我們逮捕到他,不必把他當成
惡魔,而是應該把他當作是需要我們幫助的人。把他關到監
獄後,我們可以與他合作,讓他面對一些從前沒有經歷過的
事,好比說慈悲,那也許會改變他。即使他可能會被判死
刑,但如果他聽聞佛法,能夠懺悔,他的來生會比較光明。
如果他這一生的行爲不像是個菩薩,來生則會是。

從時間的觀點來看,如果這個人現在不是菩薩,他有充

分的潛能在將來成為菩薩。從另一個觀點來看，這樣的人給我們機會幫助他人，而且他也可以被認為是讓我們淨化自己內心的一個因。再從另一個觀點來看，身為佛教徒的我們應該適切地回應他的情況。

讓我們回到原來的文本，「清淨」是默照中的默，「妙明」是照。是的，照是妙明，但如果心不純淨，如何會開悟？因此，首要的工作就是使心清淨。我們修行默照來修心，讓它重獲本來具有的清淨澄明。這明的本質被描述成妙，但當心煩惱時，就既不妙也不明了。要清淨我們的心，就得先平伏自己的煩惱，當煩惱平伏時，智慧的作用會自然流露。因此，應該一直覺知自己煩惱的起伏，如實地觀照這些煩惱。如果能不用拒絕和對立來回應它們，這會是正面的一步。以這種方式修行時，煩惱就會減輕，到頭來就不會生起，那時，妙明的心就會現前，而那就是默照。它是你本來就有的，而且一直是你的一部分，只不過暫時被煩惱遮蔽了。你的第一個功課就是要訓練自己免於那些煩惱。

一旦我們了解「清淨妙明」的意思，了解這片心田原本是我們的，就能輕易了解底下的文字：

多生不了，只為疑礙昏翳，自作障隔。

多數人不知道自己有潛力體驗覺悟，不覺知自己原本的

心地是純淨光亮的。他們不知道透過默照可以發現這片自身本具的田地。我們不知道這些是因為我們受到了障礙之累——我們的對立心、煩惱、我執,最重要的是,懷疑。它們遮蔽了原本清淨的心,以至於我們不知道自己真正擁有什麼。因此,我們重複生死輪迴。所以,首先要相信這個清淨光明的心田的確是本自具足的,以這樣的決心和信心,開啟揭露內在心田的過程,並克服任何懷疑來這麼做。

開始時,我們覺知自己缺乏自尊和自信;接著,當我們遇到像默照這樣的教法時,懷疑這個方法;最後,我們輕易懷疑老師。因此,要克服這些懷疑,必須先相信覺醒的心的內在本質。其次,必須提起方法,學習它,把它納入我們的生活中。第三,不管透過什麼過程來選擇自己的老師,之後都要相信他。對這三方面有信心,就能開始克服我們根深柢固的懷疑,解開我們的糾結,時候一到就能除去這三重障礙——缺乏自信、缺乏對教誨的信心、缺乏對老師的信心。

請記住我到目前為止所說的:要發慚愧心、懺悔心。這基本上意味著認知你在哪裡,也同時建立對你的修行方法和教法的信心。相信這個教法是有用的,而你有可能從中受益。

【第五晚開示】

直下脫略

廓然智游，內忘功勳。

我說過默照不是修定，然而它的確是修定。不過，默照的定和一般集中於一處的定不同。在佛教的打坐中，有不同階段的定，有時分為四個階段，有時分為八個階段，有時候它被稱為禪定。相反地，默照的定是諸佛的定。這是什麼意思呢？佛經中經常把佛陀描述成總是處於定中——不管是在走路、打坐、吃飯、說話、教學。這裡的定的意思更為廣泛，就是心不動搖，總是寧靜平和，不為順逆的環境所攪擾。這種定是諸佛的定，也是默照的至高證悟。

在這種大定中，心總是明亮平靜的。佛經說：「如是滅度無量無數無邊眾生，實無眾生得滅度者」，就是「廓然智游，內忘功勳」的意思。這種不執著的照持續不斷、瀰漫各處，與眾生活潑地互動。它沒有特定的性質或外形，只是自然運作，不執著於任何事情或功德、業報的念頭。它沒有任何造作，也不留下任何痕跡。

　　早期的《阿含經》記載，佛入定時從一禪開始，經歷四個階段的定，然後依照相反的順序出定。但我也記得早期的經典中記載，佛處在第四個階段的禪定，也就是很深的定，這時有人來尋求佛法。佛並未經過典型的方式逐漸出定，而是立即回應尋法者的問題。從這可以看出，即使佛陀在深定中，他的心依然極清楚周遭發生的事，這是最高的默照。

　　直下脫略去、擔荷去，轉身就位，借路著腳。

　　「直下脫略去」指的是默，其他指的是照。英譯為了讓意思更為清楚，譯者在第一句加了「自我」一詞，但「擔荷」也可以指較廣義的「塵」或感觀客體，包括了一切物質和非物質的事物。「直下脫略」指的是丟下我們的執著、煩惱和自我的觀念。在佛教中，這些現象稱為「塵」。我們如何丟下塵呢？要像文中所說的，直接處理。在中文裡，「直下」具有很有力的意義，就像「當下放下執著」。在面對環境時，必須時時一再放下不同形式的塵與執著。中文裡的「脫略」也帶有「消失」的意思，因此這裡有「放下」、「消失」、「超越」的意思。「脫略」也有「脫去」的特別意思。因此，一旦我們放下，剩下的就是一顆脫去障礙的心。

　　在早期經典中，有些例子提到弟子只聽到佛陀的幾句話就開悟了。這掌握到了「直下脫略去、擔荷去」的意思。直

接放下任何事情而得到心的脫略，就像把雪球丟入燃燒的火山：雪球立即融化，不留下任何蹤跡。不幸的是，我們的禪中心沒有活火山，讓我們來看有沒有人能直下脫略。在放下自我或塵時，能擔荷起佛的大事——這個大事就是使佛法永遠住世，弘揚佛法以利益眾生。諸佛這件大事就像是珍貴的法寶，但除非打開執取的手，就得不到這寶。如果我們緊握拳頭，手裡都是東西，又如何能接受其他東西呢？當我們能打開手掌，離開執取，就能接受法寶。這不是他人可以為你做的事，必須自己來。

「轉身就位」說的是你必須改正方向，採取菩薩的立場。「借路著腳」當然指的是菩薩道。這幾個字的意思是說，當我們能放下時，就能擔荷起佛陀的重任，來確保佛法能長久住世。修行就是遵循菩薩道，進階前行。在開悟後，菩薩才開始濟度眾生的重責大任。

在提起弘揚佛法的重任時，菩薩就像是短跑選手。練習跑短之後，選手必須在跑道上就定位。菩薩道就像是短跑選手的跑道一樣，不是隨機或混亂的，而是很分明的。短跑者必須下定決心完成比賽。跑者必須穿著輕便，不帶任何負擔。他必須放下一切，只是跑步。同樣地，如果你要成為菩薩，而不願放下一切，我只能說：阿彌陀佛保佑你！身為菩薩，你必須發心成為那個菩薩行者。

【第六晚開示】

靈機妙運

　　靈機妙運，觸事皆真。

　　「靈機妙運，觸事皆真」是指讓開悟的菩薩能恰當回應眾生的明照狀態。在那種狀態中，不論遇到什麼都觸事皆真，也就是默，無執。那是一種活潑、不帶成見地與人互動的方式，既不呆滯，也不拘泥於形式。那是靈機妙運的智慧自然流動，不受制於煩惱。大菩薩能適切地給予眾生所需的教誨。有多少類的眾生，大菩薩就有多少的回應方式。禪宗把這稱爲「智慧大用」，示現於身、口、意。

　　我不認爲自己是菩薩，但有時我對環境的回應正確而恰當。我沒有神通，只是倚賴直覺，恰當地回應，沒有任何造作或計畫。有時人們說我給他們的教誨正是他們所需要的，但有時我也會弄錯。這種感受在禪七時特別敏銳。當我進入禪堂時，就直覺地知道而回應。我也曾弄錯，有時會有不恰當的行爲，但有時即便這樣也會導致好的結果。還有一點，我與人相見時，都把他們看成是菩薩。

現在我能向你們透露我運用的祕密。〔眾人笑〕祕密是：不喜不憎。不要有任何偏好；不要幫助這個人，放棄那個人；不要倚賴刻板印象。要承認即使你以開放的心回應人，還是可能犯錯。比方說，如果我用香板打人，那個人可能會憎恨我，如果我責罵人，那個人可能會離開禪七。這些實例說明的是，一些行動導致意想不到的結果。我知道如何解釋這些事。我說這是那個人的業，所以不是我的問題。〔眾人笑〕其實，在禪七結束前就有人離開，我會爲自己沒有更好好照顧他們而感到慚愧。

我先前說過，「靈機妙運」是照，「觸事皆眞」是默。我們也說這種回應是智慧的大用。我們注意到中國人對實相的了解分成體與用，也就是原則與運用。「用」是活潑的，而「體」（原則）是不變的。然而，把體看成停滯不動，與用對立，就會陷入二元的思惟。那麼，這個體是什麼呢？體不是以主觀方式來體驗的，因爲在默照的狀態下觸事皆眞。這些文字並不是說在現象中還有個在眞實底下的本體；也不是說自我是體，而自我的活動是用。在妙用中沒有任何自我的觀念或執著，所有經歷到的事情本身就是體：事情如實現前。在那種自由運作的狀態中，沒有一個可稱爲「體」的參照點。在那時候，體就是用。在那個大用中，所有的現象本身就是體，示現眞實的本質。因爲一旦開悟了，所有事情都是在悟境中。這就是體與用的眞義，這就是默照同時。

　　如果能眞正了解這個，那麼不管遇到任何事情——「好」人、「壞」人，逆境、順境——你會如何來看待它們？也許你會想：「沒有好人、壞人，順境、逆境，好事、壞事，觸事皆眞。」除非成佛，否則無法眞正用這種方式來體驗事情，但你如何在觀念上來理解它？從諸佛的角度來看，眾生存在於諸佛的自性中。換句話說，佛把眾生視爲佛。從眾生的角度來看，佛陀是存在於佛陀的自性中。這聽來也許很難了解，其實很簡單。只要知道眾生是佛，佛是眾生。他們共同存在，因爲這是眞實的觀點，而如果你了解我所說的體與用，尤其是體，那麼你就會明白，眾生並不存在於佛心之外，而佛陀也不存在於眾生心之外，這就是實相。

　　有一次一個弟子很焦躁地來找我：「師父，外面有兩個菩薩在吵架，快打起來了。」我旁邊是另一個弟子，他說：「菩薩吵架、打架？哪種菩薩會那樣？」我被困在中間，只好說：「不要再爭辯什麼菩薩了，趕快處理這個狀況，先解決吵架。」現在你們在這邊打坐，你們認爲那些打架的人是菩薩嗎？

　　是？你的意思是說，文殊菩薩和觀世音菩薩在打架？〔眾人笑〕

　　學員：你昨晚說每個人都是菩薩。〔眾人笑〕

　　師父：宏智禪師的文字說的是體和用。打架和吵架是動作，可以被認爲是用。從體或實相的角度來看，是的，所有

的眾生都是菩薩。那麼吵架呢？這個嘛，你可以把那當成是靈機妙運。〔眾人笑〕

就我而言，他們是菩薩，因為他們讓我的兩個笨徒弟去反省「什麼是菩薩？」到頭來，其實是吵架的人給的活生生的教誨。因此，吵架的人是菩薩。但這並不是說，你應該去違反佛陀的教訓，去和別人吵架、打架。

更無一毫一塵，是外來物爾。

這只是宣稱，沒有任何一件事物是在真實之外——一切都是體的示現。

我對宏智禪師文字的詮釋到此結束。宏智禪師的文字有兩個作用。第一，你所聽到的東西提供了對默照的一些觀念性理解和知識。當然，我們可以和別人談這個，而那可能對他們有用。第二，更重要的是，我們可以運用這個知識來實現我們所學的。我們能用它來觀照自己的本體和思惟，尤其是當我們生起煩惱時。我們可以這樣反省：「如果觸事皆真，而且這個大用和體是相同的，為什麼我還會體驗到煩惱？」這麼反省時，我們就能放下煩惱，回到正道，與這個原則相應。但真正的用處來自於把默照應用在打坐中，一個階段一個階段地，我們掌握了方法並且改變了自己。與觀念性的知識相較，這個修行有用得多了。

【中文版譯後記】
願願相續，法鼓長傳

法緣，法源

去（二〇〇八）年九月八日接到法鼓文化編輯的電子郵件，告知聖嚴師父的新著《無法之法——聖嚴法師默照禪法旨要》（*The Method of No-Method: The Chan Practice of Silent Illumination*）即將由以靈修書籍著名的美國香巴拉出版社（Shambhala Publications）出版，問我有沒有意願與時間將此書翻譯成中文。

以往我翻譯過師父的三本著作——《心的詩偈——信心銘講錄》（*Faith in Mind: A Guide to Chan Practice*，中譯1997）、《禪的智慧：與聖嚴法師心靈對話》（*Zen Wisdom: Conversations on Buddhism*，中譯2003）和《禪無所求——聖嚴法師的〈心銘〉十二講》（*Song of Mind: Wisdom from the Zen Classic Xin Ming*，中譯2006）——分別是趁出國一年研究之餘的閒暇，因為在國外生活比較單純，不像在國內般多方忙碌，而且身處異國更需要精神的寄託與佛法的滋潤。然而，這次我卻頗為猶豫，因為手邊不僅研究工作沉重，幾篇中、英文論文和兩、三本書稿尚待整理，也負責中央研究院

歐美研究所的行政職務，而且六月剛被推舉爲中華民國比較
文學學會理事長，要在二〇〇九年籌辦兩個國際研討會（這
是學會成立近四十年來前所未有的情況），再加上大大小小
的專業服務，這一切都使我陷入空前的忙碌。此外，天命之
年的我，體力與精神不如以往，照常理判斷，實在不可能接
下這項翻譯工作。

　　轉念一想，自從一九八八年在聖嚴法師座下皈依三寶，
一九九二年參加第一屆社會菁英禪修營，以後除了在海內、
外參加過幾次一般的禪三和禪七之外，並有幸在師父親自帶
領下於法鼓山打過幾次默照禪，深知這是一個很契合當代社
會的修行法門，值得大力推廣。師父曾自道：「我從東初老
人和靈源老和尚承接了曹洞和臨濟兩個宗派的法，其中曹洞
宗的默照禪本來已經斷絕，是我根據曹洞宗的著作，自行
研究出默照禪的修法，然後自己去修、去體驗它，才復活了
曹洞宗的默照禪。」我曾以「爲往聖繼絕學」來形容此事。
而且最近幾次與師父見面，看到他拖著洗腎的病體，雖然舉
步維艱，依然現身向我們開示，有時長達一小時，爲法忘軀
的精神令人深深感動，以後不知還有多少機會能爲他效勞，
實在應該珍惜這份難得的法緣。因此，我請編輯把《無法之
法》英文版電子檔傳給我，大致看過之後，考慮了一段時
日，才「壯著膽子」接下這件事。根據出版社的規劃，這本
書預計二〇〇九年十一月出版，希望我五月交稿，但我不敢

就此講定，只說會盡量配合。為了逼自己逐次交稿，我與法鼓文化和《人生》月刊商量，決定仿照以往翻譯師父著作的模式，先在月刊連載，再出版專書，以爭取更多的時間翻譯與修訂。

於是我利用很有限的空閒時間，把翻譯本書當成第一要務，先跳過介紹禪修的基本觀念與練習的第一部分，從第二部分譯起，陸陸續續交稿，終於在農曆春節九天長假中一鼓作氣將全書譯完，一月三十一日交出全稿，總算鬆了一口氣，而且比出版社預定的時間超前了一半，連自己都覺得很意外。

次日下午，我趁著連續假期最後一天走訪法鼓山，犒賞自己連日來的辛勞。在法鼓山主要建築落成後，我在新禪堂打過禪三，也曾數度陪國外學者前來參訪，但總是行色匆匆，未能盡興。這次雖然時間不長，但獨自前來，比較隨興。我在第一大樓和第二大樓流連許久，懷想自己與師父結緣的經過，以及這些年來的點點滴滴，在開山紀念館中看到師父六年閉關的關房模型，心中頗為感動。在走訪兩座大樓後，天色漸暗，但還有一個地方是我一定要參拜的，那就是開山觀音。

我參加第一屆社會菁英禪修營時，整座山就只有全度法師蓋的一座觀音殿，裡面供奉的正是這尊觀音。四十個人便在師父帶領下度過了畢生難忘的三天——之所以難忘，不僅

是因為這群平日養尊處優的人從未如此長時間盤腿，以致疼痛難捱（其實比一般禪修已輕鬆許多，而且可以記筆記），更是因為看到師父為了教化我們這群來自各地「頭角崢嶸」的人（這是師父後來用來形容我們的字眼）所花的心力、精神和體力。往後十餘年，只要在國內，我與同修幾乎都會參加禪修營的共修聯誼，最主要目的就是親近師父，聆聽師父開示。因此，雖然平時並不精進，但多年來在師父的教導與提攜下，也算稍有長進。而這一切都是從法鼓山最初的觀音殿開始的，因此我這次一定要去參拜開山觀音。

　　山上的建築群與自然生態結合，造型古樸而莊嚴，即使細節也毫不馬虎，像是大樓內的木扶手材質細緻，觸手平滑溫潤。在前往開山觀音的途中，看到地面上鋪的石塊樸素平整，錯落有致，一旁花木扶疏，生機盎然，對於師父為了蓋法鼓山所費的心思頗為感動與讚歎。以往在文章中讀到「一磚一石，一草一木」時，只當作單純的描述，如今卻成為活生生、令人感動的見證。由於路徑不熟，我一度繞到往山下的馬路，轉而快步向上，決心非看到開山觀音不可。等到我氣喘吁吁地來到開山觀音座前，將近六點，天色已暗，只有幾個人在場。我先禮拜觀音菩薩，依指示雙手合十，右繞三圈，然後站在一角仔細觀察，想把開山觀音的形象印記在心版上。

　　這時看到果暉法師帶領幾位居士繞行觀音像。我等他們

繞完之後上前打招呼，原來他率領俗家弟弟全家前來。我告訴他昨天剛交出師父譯作的全稿，並探詢師父的健康狀況。果暉法師說剛才就是在開山觀音前默禱，希望住院多日的師父法體平安，繼續住世，法輪長轉。由於天色已晚，交談幾句後就在暮色中道別。

最後一程・發願供養

　　兩天後的傍晚，我正與齊邦媛教授通電話，詢問她的自傳《巨流河》的寫作進度，突然接到法鼓山專案祕書室傳來的電子郵件，發信時間為五點十八分，主旨為「通報～敬愛的聖嚴師父已於今日16:04捨報」，我趕忙看內容：

通報

　　諸位菁英菩薩：
　　阿彌陀佛
　　我們敬愛的聖嚴師父已於今日下午16:04安詳捨報。
　　讓我們一起稱念佛號迴向聖嚴師父。
　　阿彌陀佛！

　　　　　　　　　　　　　　法鼓山專案祕書室　頂禮

看到這則消息，雖然不太覺得意外，但心中還是很不

捨，接著在網路與電視上陸續看到相關新聞，得知爲了方便
眾人表達紀念與追思之意，師父的法體將移靈法鼓山大殿供
人瞻禮（後來才知道，師父原想低調、迅速處理，把「臭皮
囊」燒了了事，無需棺木，更不必瞻仰，是僧團顧及眾多信
眾的心情，向師父建議，他才通融開放「兩天」悼念）。於
是我立即請假，決定次日一早趁著各地信眾尚未湧入之前先
與同修前往致敬。

　　雖然師父要大家以平常心看待生死，在近來的開示中也
多次觸及自己的生死，但凡夫俗子的我次日清晨在家中依
然不禁悲從中來，嚎啕大哭，這是多年來母親往生之外唯一
的一次，胸臆中的哀戚大爲宣洩，心情恢復平穩。我開車前
往法鼓山時，只見許多車子已陸續上山，一些名人政要也來
向師父致敬，鎂光燈此起彼落。我們在念佛聲中尾隨志工排
成兩行長長的縱隊魚貫來到大殿，男女眾分別由兩側進入。
我走到當中的紅毯上，雙手合十，向穿著一襲熟悉的黃衫、
右側而臥的師父表達心中的敬意與感恩，接著坐在一旁座位
上念佛迴向，爲師父送行。與師父正對面的牆上高懸著書法
家杜忠誥所寫的輓額「寂滅爲樂」，其後爲師父臨終的四句
偈：

　　無事忙中老
　　空裡有哭笑

本來沒有我
生死皆可拋

　　全偈極簡單卻又蘊含無限深意，彷彿要來者參這樁公案。而這也是我此生最後一次與師父如此接近。

　　二月十五日下午在法鼓山為師父舉行追思暨植存典禮，來自各地近三萬信眾齊聚法鼓山。大眾肅然靜待，默念佛號。大殿的銀幕上首先出現師父慈祥的照片，配上「虛空有盡，我願無窮」八個字，令人動容，等聽到師父親切如話家常的錄音：「諸位菩薩今天來見師父，你們帶了什麼禮物來送我？」我勉力才抑制住抽噎。師父如同往常一樣要我們發願。從前聽到師父如此開示時，總覺得來日方長，而個人的時間與力量有限，在履行了家庭和職場的義務之後，很難再發什麼願。然而這次師父以自己的生死為教材，再次要我們發願，讓人真切體會到他老人家的苦口婆心，而現場準備的祈願卡提供我們機會最後一次在師父面前發願。想到這些年來跟隨師父的點點滴滴，於是我在祈願卡上寫下：「效法師父的慈悲與智慧，將師父的英文著作翻譯並傳揚於華文世界。」寫完之後，意猶未盡，覺得應該在師父見證下發更大的願，於是又在背面寫下：「以智慧處理事，以慈悲關懷人，不斷地學習與奉獻，致力於人間淨土的完成。」盼望以

這個恆常的大願來供養師父，供養眾生。

「供願」結束後，長老和代表前往環保生命園區進行植存儀式。我們從銀幕上看到法師捧著師父的舍利函緩步前行，一行人來到植存區，五組代表逐一將師父的骨灰放入五個洞穴中，覆上一朵花，再布土，師父的肉身終於回歸大自然的懷抱，化為大地的一部分，與日月星辰一塊運轉。植存典禮結束後，眾人在法師和志工的引導下，前往植存區向師父巡禮致敬，只見幾條人龍蜿蜒在山徑上，沒有絲毫嘈雜。陰霾了大半天的天空，終於在我們上山途中飄下一陣細雨，像是一塊哀悼師父的辭世，也彷彿師父以法雨來滋潤前來告別的我們。山徑上迤邐的送行者不見首尾，在法鼓山應是空前、也是絕後的了。

大死一番・無法之法

幾年前師父便曾在《法鼓》雜誌公開遺囑（我手邊的檔案是二〇〇四年四月十五日的「聖嚴預立遺言」），雖不時修改，但與最後的遺囑雷同，其中第五項就是「我的著作，除了已經出版刊行發表者，可收入全集之外，凡未經我覆閱的文稿，為免蕪濫，不再借手後人整理成書。」換言之，凡未經師父過目的文稿，都不再出書、收入《法鼓全集》。因此，我心中暗忖，在師父圓寂前幾天交出的譯稿到底能不能出版？儘管如此，這段日子我還是向《無法之法》的英文編

者果谷菩薩查證了兩處有關前言與緒論的細節，也承蒙他熱心提供。二月二十日法鼓文化編輯寄來一封電子郵件，告知因為師父圓寂使得原先的「出版計畫起了大變動」，許多案子「不得不先喊停」，本來以為出版翻譯應該沒有問題，但為了避免「可能不盡完善」，所以師父作品中譯就不出版了。

　　我將信轉給果谷菩薩，並附上一句對於此書無法與廣大華文世界讀者群見面表示遺憾。果谷菩薩回信的副本同時寄給兩位法師，他除了表示惋惜之外，並說即使法鼓文化不出版此書，但原出版社還是會另找其他的中文出版社，屆時反而更難掌握翻譯品質。而且雖然師父本人無法過目，但是法師們可以幫忙看稿，避免錯誤。編輯也告訴我，法師們會將這些想法與建議列入考慮。由於果谷菩薩的考量十分合理，再加上師父生前曾在幾個公開場合稱許我的譯文最能掌握他的精神，所以法師們最後決定採取果谷菩薩的建議行事。果賢法師在開完會後立即以電子郵件與我聯絡，提到除了果谷菩薩的理由之外，主編《法鼓全集》的果毅法師在會中也表示，其實《法鼓全集》以往便未納入翻譯，主要是，翻譯書已視為翻譯者的作品，所以僧團決議還是出版《無法之法》，並請法師協助看稿。編輯也趕忙通知我這個好消息，告知全書依照原訂計畫先於《人生》連載，然後出書，並且會請師父自傳《雪中足跡》的譯者之一常悟法師看稿。我先前固然曾為譯作未能納入《法鼓全集》而不免稍感失望，

但多年來身為為人作嫁的譯者早已習慣了，因此為《無法之法》的中譯能「敗部復活」、「死裡逃生」而慶幸，更為這本書有機會與廣大的華文世界讀者結緣而欣喜。這使我想到每次禪修時，錄取通知單上都會期勉禪眾要抱著「大死一番」的心情，而《無法之法》的遭遇有如另類的「大死一番」，彌足珍貴。

其實，先前翻譯師父幾本著作的過程中，《禪無所求》較為平順，其他兩本多少有些周折，如《心的詩偈》後來係根據英文書的譯稿和中文錄音帶的謄稿彼此校勘、補充，《禪的智慧》則綜合了前後三個不同的英文版本，加上師父為中文版特別撰寫的序言，結果比任何一個英文版本都更豐富，而且符合國情及時人的需求（詳見筆者〈輸血管的輸血管──中譯聖嚴法師著作〉及〈《禪的智慧》譯者誌〉，二文收於《我打禪家走過》）。相形之下，《無法之法》的遭遇果如其名，表面上無法可循，冥冥中卻存在著某種法則，整個過程示現了世事的無常，然而若非當初「誤打誤撞」、勉力以赴，超乎進度地譯出全書，恐怕在師父圓寂之後就難有動力與機緣再在翻譯上略盡棉薄之力。

此書另一特色便是常悟法師的校訂。先前幾本翻譯是個人努力之作，《無法之法》為了更確保品質，常悟法師在譯稿紙本上以鉛筆提供意見，並透過編輯表示：「法師有交代，修改部分只是建議並提出討論，如果老師覺得不需要改

的地方或有其他建議，我們會尊重老師的意見！」我從事翻譯三十年，一向敬謹行事，以往在連載、校對書稿時仍不斷修改，翻譯這本書時也更正了原書幾處錯誤。然而佛書的翻譯不限於文字，更重視修行與體悟，身為居士的我畢竟不如法師在這方面的專業與深入。更難得的是，師父開示本書內容時，常悟法師經常也在場，因此更能掌握、還原師父當時的用語及現場的情境。例如，常悟法師在一處眉批：「『自我』在師父在美的禪期中，有時翻"self-centered,""self-reference,""self-referentiality"，"self"須看前後文及所指為何作選擇。」若非親臨其境，是無法知悉現場開示與英文口譯的情況的。此外，少數地方雖然英文相同，其實在修行層次上有別，這種修訂已不限於文字，而涉及實修了。因此，我除了很少數的意見交換之外，其他悉數遵從常悟法師的修訂，謹此表示謝忱。

師父交代身後不撿堅固子，法子也謹遵師命，將燒出的舍利磨成骨灰一併植存。雖然許多人頗覺惋惜，但這正是師父一向的作風，即使在身後依然善用機緣行無言之教，為世人示範生死的正確觀念與作法。其實，師父上百冊的《法鼓全集》以及各種文字、影音資料已是最值得珍惜的法身舍利了，何必再計較、執著於有形的色身舍利，捨本逐末呢？

以往我曾撰寫學術論文探討譯者的角色，並有翻譯研究的專書出版，但翻譯與修訂《無法之法》使我對此角色有

了更深一層的認識，這又可分爲兩方面來說明。我曾指出，「譯者，易者也」，因爲翻譯者使原文「變易」爲另一種語文（兼具「改變」與「變得容易」二意），而且在「變易」之中又有其「不易」之處（兼具「不變」與「不容易」二意）。這次翻譯《無法之法》使我更體會到「譯者，益者也」，因爲在仔細閱讀、反覆揣摩、悉心校訂中，身爲譯者的我才是最大的「受益者」，而且翻譯不僅是希望「好東西與好朋友分享」，翻譯佛法之書更是希望有緣者能因此深獲法益，安頓身心，自利利人。

　　謹此說明《無法之法》的出版始末以及過程中的峰迴路轉，希望此書多少實現了我在師父追思暨植存典禮上所發的願。感恩促成此書出版的法師與菩薩們，讓師父的法語再次傳揚於華文世界，願願得以相續，法鼓得以長傳。是爲記。

單德興

二〇〇九年六月十三日

台北南港

國家圖書館出版品預行編目資料

無法之法：聖嚴法師默照禪法旨要 / 聖嚴法師
著；單德興譯. -- 初版. -- 臺北市：法鼓
文化, 2009. 08
面；公分
譯自：The method of no-method: the
chan practice of silent illumination
ISBN 978-957-598-473-1(平裝)

1. 禪宗　2. 佛教修持　3. 佛教說法

226.65　　　　　　　　　　98011314

無法之法——聖嚴法師默照禪法旨要

THE METHOD OF NO-METHOD:
THE CHAN PRACTICE OF SILENT ILLUMINATION

著者	聖嚴法師
譯者	單德興
出版	法鼓文化
總監	釋果賢
總編輯	陳重光
編輯	蔡孟璇
封面設計	江孟達
地址	臺北市北投區11244公館路186號5樓
電話	(02)2893-4646
傳真	(02)2896-0731
網址	http://www.ddc.com.tw
E-mail	market@ddc.com.tw
讀者服務專線	(02)2896-1600
初版一刷	2009年8月
初版九刷	2023年11月
建議售價	新臺幣220元
郵撥帳號	50013371
戶名	財團法人法鼓山文教基金會—法鼓文化
北美經銷處	紐約東初禪寺
	Chan Meditation Center (New York, USA)
	Tel: (718)592-6593　E-mail: chancenter@gmail.com

THE METHOD OF NO-METHOD: THE CHAN PRACTICE OF SILENT ILLUMINATION
Copyright © 2008 Dharma Drum Publications
Chinese translation copyright © 2009 by Dharma Drum Corporation
ALL RIGHTS RESERVED

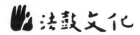